시민병법市民兵法:
행동과학으로 알아채는 현실주의적 올바름

한병진

시민병법市民兵法:
행동과학으로 알아채는 현실주의적 올바름

초판1쇄 발행　2025년　2월 28일
초판2쇄 발행　2025년 12월 22일

지 은 이　한병진
펴 낸 이　신일희
펴 낸 곳　계명대학교 출판부
출판등록　제347-1998-1호(1970. 9. 1)
주　　소　대구광역시 달서구 달구벌대로 1095
대표전화　053-580-6233
팩　　스　053-580-6235
홈페이지　www.kmupress.com

ISBN 979-11-6516-249-8　93340　정가 19,000원

• 빛을여는책방은 계명대학교 출판부 패밀리브랜드입니다.

시민병법市民兵法:
행동과학으로 알아채는 현실주의적 올바름

한병진

빛을여는책방

머리말

무엇보다 이 책의 주장과 내용은 지금까지의 사회과학 연구 성과에 의존하고 있음을 분명히 하고 싶다. 연구의 믿음성의 정도를 측정하는 잣대는 학문 공동체의 합의 유무가 기준이다.

그러나 나의 주장이 그래서 자동으로 타당하다는 의미는 결코 아니다. 아주 유명한 역사적인 심리학 연구인 스탠퍼드 대학 감옥 실험이 상당한 조작으로 판명 난 사태에 비추어 볼 때 더욱 그렇다. 가능한 수준에서 과학에 의지한 심사숙고의 글쓰기임을 밝힌다.

각각의 문장마다 주를 첨부하는 식의 방식은 지양한다. 대신 책의 말미에 각 장의 내용이 의지하고 있는 주요 문헌을 표시하는 식으로 읽는 이가 나의 사고가 어디에서 왔는지 확인할 수 있게 한다.

나는 정치적 판단과 일상을 보다 관조적으로 돌아보고자 하는 이들을 생각하며 책을 쓰고 있다. 인간의 어리석음을 수용하면서 현실적으로 타당한 올바름을 추구하는 데 도움이 되기를 바라는 나의 심정이 읽히기를 바란다.

책의 주요 내용은 다음과 같다. 2장은 확률론, 인지과학이 밝히고 있는 인식의 편향, 정치학과 경제학이 구축한 협동과 규범의 조정게임 등에 의지한다면 더 균형 잡힌 정치적 판단이 가능함을 살핀다. 1절에서는 조건부 확률의 정확한 적용이 얼마나 중요한지 다양한 소재를 들어 밝힌다.

2절은 프레임의 속임수에 당하는 시민의 모습과 이로 인한 정치의 왜곡을 다룬다. 3절은 조정게임과 공동지식의 개념으로 극화가 어떻게 민주주의를 위협하는지 살핀다. 4절은 사고의 구획화 등을 밝히는 심리학을 이용해 만연한 내로남불의 인지적 기저를 밝힌다. 5절은 행동경제학의 주요 발견으로 정치인의 죄와 벌 사이의 비대칭성을 다룬다.

3장은 진보적 세계관의 믿음과 달리 세상의 변화가 꽤 퇴행적임을 다루고 있으며 급진적 방책이 실패할 가능성이 농후하다는 점을 살핀다. 1절은 세계화와 AI가 만드는 심각한 불평등성을, 2절은 정치적 파국의 비선형성을, 3절은 사회운동이 소외시키는 사회문제를, 4절은 사회적 퇴행의 정치경제를 일상의 경험으로 다룬다. 마지막으로 5절은 혁명적 재분배 정책을 피하면서 평등을 추구하는 방법을 고민해 본다.

4장은 각자도생과 정치적 올바름의 모순적 공존으로 상징되는 혼란스러운 한국 사회에서의 인간관계 문제이다. 1절은 사회심리학과 경제학이 알려주는 친구 만들기의 사회과학이다. 2절은 행동과학으로 남녀관계의 특징과 전개 과정을 분석한다. 3절은 비교하는 마음의 인지심리학으로 관계에서 오는 스트레스를 다루는 방법을, 4절은 전쟁론으로 사적 갈등을 대하는 방법을, 5절은 여론의 사회학으로 사악한 소문에 대한 현명한 대처를 이야기한다.

5장은 불확실성을 다루는 연구로 인생을 재조명한다. 1절은 정규분포의 인생이 낳는 평등, 2절은 비선형성으로 살피는 인생의 새옹지마를 다룬다. 3절은 여행이 알려주는 인생관을 사회과학이론으로 재정립한다. 이로써『어린 왕자』가 전하는 현명함을 분석한다. 4절은 행동과학이 밝힌 미래를 대하는 인간적인 특성에 비추어 현재를 사는 올바른 입장이 무엇인지, 5절은 확률론으로 소확행의 위험성을 논한다.

결국 이 책에서 말하는 올바름이란 아리스토텔레스의 덕에 가깝다. 윤리적 공리를 넘어 중용의 덕스러움과 현실적으로 타당하고 맥락에 민감한 선함을 키우는 데 이 책이 도움을 줄 수 있기를 기대한다.

•• 차례

I

중용의 덕:
틀리지 않으려는 심사숙고

Ⅰ.
중용의 덕: 틀리지 않으려는 심사숙고

청년은 약한 사람이다. "아직도 헛소리"라는 익명의 비난에 가슴이 끔적인다. 심술로 가득 찬 고약한 세상에서 제정신을 차리고 싶은 그는 혼자 방구석에 틀어박혀 읽고 생각하기를 반복했다. 나는 그와 함께 이 책을 쓰고 있다.

똑똑함은 어디 갖다 버린 듯 한심한 헛소리가 우후죽순이다. 그냥 말싸움이다. 좋은 삶에 보탬이 안 된다. 그래도 솔깃하다. 모두가 원체 싸움 구경을 좋아하는 탓이리라.

그중에 최고는 음모론이다. 세상의 우연과 뒤죽박죽이 영리한 계획과 사악한 음모로 탈바꿈한다. 검찰총장이 대통령 후보로 나서고 충남지사가 대권 경쟁에서 사라질 줄 누가 미리 알았던가? 대통령 선거 개표 당일 밤늦은 시간 다음 몇 분 후를 아무도 확신할 수 없었다. 그런데 한 해 두 해가 지나면 정치꾼들은 고관대작들이 품었다는 과거의 장기적이고 상세한 계획을 마구 내뱉는다. 가소로운 꿰맞추기이다. 좋아요와 조회수는 상당하다.

마찬가지로 어디선가 부조리한 전쟁이 일어나면 한때의 인기를 되살리고 싶은 작가는 어김없이 서방의 군산복합체와 제국주의를 소환한다. 그의 비뚤어진 눈에 비친 사악해야만 하는 무리는 복잡한 인과관계를 몇 수 앞서 예견하는 외교 천재로 둔갑한다.

미국이 너무 싫은 탓인지도 모르겠다. 일제의 악행을 몰라주는 이방인에 한탄하는 한반도의 어느 민족주의자는 주변 약소국을 늘 괴롭혔던 러시아를 너무나 사랑하는 자가당착을 범한다. 약자가 정의라며 하마스를 무조건 편드는 그는 일진 같은 러시아의 침공을 변명하기에 바쁘다. 우크라이나의 네오나치는 처벌받아 마땅하단다. 훨씬 더 많은 러시아의 인종 혐오주의자에 청년은 할 말을 잃는다. 이 위험한 무분별은 북한이 토착 왜구를 척결하기 위해 남침했다는 망측한 구실과 맞닿아 있다. 살떨리는 궤변이다.

아니면 사악해야 하는 쪽의 유도이다. 국내 정치에서 정치적 생명이 꺼져 가는 이스라엘 전쟁광이 적의 임박한 침공 사실을 알고도 모른 척했다는 믿음이다. 균형 잡힌 판단을 원하는 이는 이스라엘 정보 당국에 전달되는 허위 첩보의 비율을 살펴보아야 한다. 과거 진주만 폭격을 알리는 첩보는 있었다. 루스벨트가 참전 구실을 만들기 위해 모른 척했다는 음모론은 일본의 임박한 필리핀 침공 첩보가 훨씬 많았다는 사실을 제대로 살피지 않은 어리석음이다. 그렇게 복잡한 게 세상사이다.

그런데 극악의 몇몇 정치 천재가 복잡하고 이상한 세상사를 주물럭주물럭한다? 사후적으로 구성된 무시무시한 사전 계획은 "일이 안 풀리는 데는 분명한 이유(빨간색의 굵고 큰 글씨체로 표기되어 있음)가 있습니다"라는 버스 좌석에 붙은 철학관의 광고 문구처럼 대부분 얼토당토않은 착각이다. 가소로운 확신이다. 문구를 읽던 청년은 웃음을 참지 못한다. 앞좌석 승객이 싫은 표정으로 고개를 돌려 청년을 째려본다.

세상사만이 아니다. 한 치 앞을 모르는 게 인생이다. 어린 나이에 큰 성공을 거둔 젊은이가 있었다. 잠깐의 찬란한 성공이 인격의 그릇에 담기지 않았다. 넘쳐 쏟아지는 자만이고 오만이었다. 추락이었다. 누구에게나 그런 친구 한 명은 있다. 정말이지 새옹지마이다. 얽히고설킨 복잡한 세상에서 좋은 일이 흉하게 나쁜 일이 길하게 탈바꿈한다. 그런 삶이라는 타석에 느닷없이 들이닥치는 커브볼에 자주 헛스윙 삼진이다. 청년은 그럴 줄 알았다는 조롱자의 면상에 일갈하고 싶어진다. "세상도 인생도 그럴 줄 몰랐다."

그런데도 전지적 작가 시점은 종횡무진이다. 설명하지 못할 것이 없다. 몇 가지 이상한 전제에서 나오는 삼단논법은 달콤하다. 꿀꺽 한입에 삼킬 수 있을 만큼 매끈하다. 기승전적폐이다. 결국 자신의 변비마저 적폐 탓이다.

적폐의 음모는 스포츠 하이라이트를 닮았다. 세트 스코어 3대0이라는 테니스 경기 결과는 윔블던 결승전이 일방적이었다는 잘못된 인상을 준다. 초접전이었던 게임의 10분짜리 하이라이트는 순간순간의 흥분, 불안, 희망, 곧 이은 낙담을 담아내지 못한다. 심지어 직관한 자의 기억마저 이내 흐릿해진다. 훌륭한 경기력은 기억에서 버려지고 결과만이 남는다. 그래서 졌잘싸는 순간의 위안일 뿐이다. 그날 경기가 있었고 팀은 패배했다는 지극히 단순한 줄거리만이 감독을 괴롭힐 뿐이다. 사전적으로 꽤 합리적인 선택을 했고 (그러함에도 불구하고) 패배한 그를 열성팬은 사후적으로 맹렬히 비난한다.

우리의 기억 속에서만 단순해진 과거는 수많은 가능성과 대안을 가진 그때의 현재였다. 과거의 그 순간은 오늘의 지금만큼이나 불확실하고 복잡했다. 여인숙에서 아침 일찍 깨어난 젊은 나그네 앞에 네 갈래 길이 있었다. 자욱한 안개에 가로막혀 멀리 보지 못했다. 이리저리 망설이다 한쪽으로 길을 정하고 정신없이 걷고 걸었다. 나중에 누군가 왜 이 길을 걷는지 물었다. 두 갈래(나머지 두 갈래를 기억하지 못함) 길이 있었고 평소 신념에 따라 주저하지 않았다고 진술했다. 그때의 망설임은 포대 자루에 넣어진 낙엽 뭉치처럼 깨끗이 기억에서 치워졌다. 이제 한때의 더듬거림은 진군이 되어 버렸다. 변한 건 없다. 지금도 여전히 한 치 앞이다.

한 치 앞이었던 인생을 돌아본 회고적 확신과 마찬가지로 거악의 전지전능한 음모는 우연이 발붙일 틈을 주지 않는다. 음모론자의 코에는 적폐의 썩은 내가 진동한단다. 조잡한 선전 선동이 거짓으로 밝혀져도 그는 개의치 않는다. 정치 과잉의 계절이 무르익을수록 편집, 왜곡하는 수고마저 거부하고 그냥 사실을 진달래꽃처럼 사뿐히 즈려밟는다. 단단히 편먹은 파당은 사악한 사실을 이겨낸 당파성을 정치 미학으로 드높여 음모론의 정의로운 거짓을 칭송한다. 들통 난 거짓말에도 당당함은 양치기다움으로 승화된다.

음모론만큼이나 이래라저래라 구하지 않은 꾸지람과 한눈에 타인의 인성을 파악한다는 현인이 넘쳐난다. 정리 정돈을 거의 도덕 명령처럼 만들어 버리는 유명인의 유튜브가 알고리즘을 따라 자주 올라온다. 방을 치우지 않고 뭔가 하려 하지 말라는 조던 피터슨의 명령을 듣고 있으면 과연 역사의 성군은 방을 스스로 열심히 정리했을까 싶다.

타인을 공격하는 칼날이 되어 버린 수신제가치국평천하(修身齊家治國平天下) 역시 조금만 더 생각해보면 참 이상하다. 조선의 많은 왕은 수신제가와 거리가 멀었다. 자신의 욕정을 통제하지도, 자식들 사이의 칼부림도 막지 못했다. 위대한 성군 세종의 아들 중 한 명이 조카를 살해한 세조다.

이렇듯 넘치는 헛소리의 홍수 속에서 제정신 차리는 방법을 논어에서 찾는다. 청년이 찾은 몇 가지이다. 1. 독서와 사색을 병행한다. 2. 추상적 원리 원칙이 아니라 개인의 구체적 행위가 인을 넓히는 것이다. 3. 공부하지 않으면 적폐가 된다. 4. 가까운 문제를 절실히 묻고 생각한다. 5. 배운 것을 실제에 자주 적용해 본다. 6. 배운 자는 이래야 한다 저래야 한다는 고집을 부리지 않는다. 7. 구체적인 것을 먼저 배우고 익혀 추상적 원리에 도달한다.

이 모든 금과옥조 중에서도 닥치고 독서의 학이 절실하다. 이편저편의 시끄러운 소리가 끊임없이 뇌를 자극하니 생각 없는 독서로 멍청해지기보다는 독서 없는 무한 검색으로 독버섯처럼 독선이 쑥쑥 자란다. 너는 틀려야만 하고 나는 그냥 맞다는 독선의 독기에 청년은 기분 나쁜 두통이다.

당파와 독선의 시대에 논리적 사고는 공감(共感, 사실은 동감(同感))을 잃은 막말로 치부된다. 단순한 사실과 분명한 논리는 팬덤(이하 시민당파로 번역)을 화나게 한다. 우리를 자유롭게 한다는 진실의 부작용이다.

그래도 많은 독서와 독립적인 사색은 느낌과 의견이 사실과 논리를 억누르는 당파의 속박을 결국 끊어줄 것이다. 엉터리 이념으로 소중한 대학 시절을 낭비한 청년은 좀 더 일찍 용기를 내어 독립적으로 생각하지 못했는지 후회한다. 베이징대학 스승에게 돌팔매질한 늙은 홍위병의 뉘우침도 그랬다.

이념과 당파에 대한 나와 청년의 측면 공격은 하학이상달(下學而上達)이고 절문근사(切問近思)인 공자의 방법을 따른다. 거창한 가치와 이념에 대한 원리적 정면승부는 쓸데없는 반작용만 불러올 뿐이다. 대신 철저히 하학이다. 거대 담론을 우회하는 비도홍인(非道弘仁) 인능홍도(人能弘道)이다. 이런저런 해방주의를 허무는 국지적 게릴라전이다.

청년과 내가 관찰한 하학의 몇 가지 예이다. 본문에서 다루고 있다. 축구에서 김민재 선수의 수비 하이라이트는 밋밋하다. 손흥민의 골 장면이 훨씬 극적이다. 필승이 아니라 불패를 우선시하는 손자의 전신(戰神)을 제대로 평가하지 못하는 어리석음이다. 세트제로 바뀐 양궁 결승전에 손에 땀이 난다. 흩어짐(분산)을 높여야 하는 약자의 전략이 보인다. 비슷한 시간대 지하철을 기다리는 역사 안 승객의 수는 매번 엇비슷하다. 중심극한정리(central limit theorem)의 원리가 문득 생각난다. 버스 정류소가 늘어나고 기존 지하철역 가까이에 새로 역이 하나 더 생긴다. 정치경제학이 밝히는 집단행동의 딜레마가 보인다. 빨간 광역버스와 급행 전철은 정치적 어려움을 우회할 수 있음을 알려 준다. 대학생들은 큰 수업에 몰리고 고등학생들은 큰 학교로 전학 가려 한다. 더 많은 동전을 던질수록 앞면과 뒷면의 비율이 반반에 점점 더 가까워지는 다수의 법칙을 알고 있는 듯한 결정이다. 책을 챙겨 떠난 여행에서 청년은 책장도 펼치지 못한다. 여행의 끝을 알기에 책 읽을 마음의 여유가 없다. 저승사자가 언제 올지 모르는 편이 나은 까닭이다.

일상의 깨달음은 답답한 정치를 나무라는 마음으로 이어진다. 기회비용에 대한 무지와 확률의 과장은 졸속의 탈원전을 낳는다. 지인도 알아보기 힘든 포토샵이 여전히 내 얼굴이라고 굳게 믿는 아리송한 정직함 덕분에 시민당파는 정치인의 오리발을 영웅적 당당함으로 믿어 의심치 않는다. 뜨거운 여름날의 눈부심에 눈을 찡그리면서도 며칠 만에 잃어버린 비싼 선글라스를 바로 다시 사지 못하는 마음의 장난질은 내로남불의 극화를 낳는다. 보이는 것만이 세상 전부라는 인식의 맹점을 악용하는 선동꾼의 조작과 프레임에 시민은 아무 생각 없이 휘둘린다. 이름이 감춰진 유명 인물의 사주를 모질게 풀어주는 점쟁이 영상이 그렇다. 한쪽 구석에는 비소 짓는 부하 직원을 보며 자기 성적 매력을 과신하는 정치인도 보인다. 조건부 확률의 엉터리 계산이다.

끊임없는 정치인의 장난질도 보인다. 하얀 방벽에 그림자처럼 어른거린다. 선택적으로 정치적 올바름을 남용하고, 사실의 일부만을 편리하게 진술한다. 이마저도 귀찮은지 대놓고 거짓을 말하고, 사건과 상관없는 깊은 애국심을 떠든다. 다른 정치인 이름으로 잘못을 희석시키는 기술이 현란하다. 사과의 말도 이상하다. 자신의 행위가 아니라 항상 시민의 심려에 유감이다.

이런 이상한 정치인의 장난질에 시민당파는 열광한다. 공감과 아픔을 입에 달고 사는 시민당파는 교통사고로 죽어가는 매년 수천의 목숨에는 관심이 없다. 오직 사소하지만, 당파적으로 유리한 싸움에만 집중한다.

거리에는 뻔뻔한 야심가, 돈 밝히는 선동꾼, 반대편을 증오하는 이데올로그, 감성적인 추종자, 헷갈리는 자, 겁먹은 심약한 자, 무심한 방관자로 혼돈이다. 이들의 조합이 만드는 시끄러운 흙바람에 한국인의 자랑스러운 미풍양속(아이폰을 두고 화장실을 다녀올 수 있을 정도의 타인에 대한 믿음)과 민주주의를 쟁취하고 지켜왔던 시민의 조정(coordination)과 공동지식(common knowledge)이 무너지고 있다. 만인의 만인에 대한 헷갈림이다. 민주주의와 공동체가 흔들린다.

어쩔 수 없다. 흔들림은 인간의 못난 본성을 견뎌야 하는 민주주의의 운명이다. 청년과 나는 흔들리지 않고 자라는 민주주의가 어디 있겠느냐는 뜬금포로 마음을 위로한다.

그런 민주주의를 지키기 위해 한 가지 당위가 필요하다. 최대한 똑바로 생각하지 않으면 안 된다. 배우고 자주 연습해서 '그래서'라는 접속사를 더 많이 더 자주 써야 한다. '그럼에도 불구하고'는 줄이고 줄여야 한다. 불굴의 당파적 아집이 아니라 사실에 대한 면밀한 관찰과 깊은 사고가 이끄는 결론을 인정해야 한다. 그렇게 생각해야 한다. 그래서 선동당하지 말고 동물 취급당하지 말아야 한다. 과연 너와 나는 이런 자각과 결심을 실천할 수 있을까?

II

위태로운 민주주의를 지키는 힘:
명심해야 할 깨끗한 생각들

01

두 번째 문자는 보내지 마라:
확률의 착각이 만드는 이상 행동들

02

보이지 않음은 없음이 아닌데:
모든 정치적 장난질의 시작

03

관계, 규범, 연대, 민주주의의 기초:
조정게임과 공동지식의 이모저모

04

열심히 생각하지 않는 죄:
내로남불의 인지심리학

05

영화 『내부자들』은 틀렸다:
정치적 극화와 죄와 벌의 비대칭성

Ⅱ. 위태로운 민주주의를 지키는 힘: 명심해야 할 깨끗한 생각들

1. 두 번째 문자는 보내지 마라: 확률의 착각이 만드는 이상 행동들

이 책의 주인공인 청년은 오후에 상사에게 문자를 했다. 저녁이 다 되어도 답이 없다. '뭐지?' 과연 나쁜 예감은 언제나처럼 맞을까? 언제나처럼 틀렸을 것이다. 그날 저녁 심하게 내리치는 벼락을 맞을 걱정에 그는 오토바이로 질주해서 돌아가는 중이었다. 빗길의 오토바이가 번쩍이는 벼락과는 비교할 수 없을 정도로 섬뜩해 보이는 것은 나만의 착각인가? 집에 돌아온 그는 세 번째 실수를 저질렀다. 치명적일 뻔했다. 곧 로또 판매 마감이었다. 어제 꿈에 돼지 같은 동물을 본 그는 킥보드를 빠르게 몰아 인도를 내달렸다. 보행자를 자빠뜨린 그는 더 급해졌다. 차가 내달리는 복잡한 대로를 막무가내로 건넜다. 로또 대박을 맞을 아주 낮은 확률에 정신이 팔려 교통사고 사망 확률을 과소평가한 어리석음이었다.

청년의 (확률적) 사고가 계속해서 뒤죽박죽이다. 사모하는 여인의 예의만 바른 미소에 그는 장밋빛 미래를 꿈꾸고 있다. 스스로 그녀의 어장으로 들어가 버린 마음이다. 사랑의 확률을 크게 과장한 희망 고문이다. 옆자리 동료는 다르게 틀린다. 자신의 매력 정도를 너무나 냉철하게 진단한 그는 낮은 확률에 기가 죽었다. 분명 수작(酬酌)의 성공 확률은 신체적 매력과 말솜씨 정도에 크게 좌우된다. 하지만 성공은 확률(P)만큼이나 잦은 시도(N)에 달려 있다. 총 성공 횟수는 P × N의 곱셈 값이다. P가 작으면 N을 키우면 된다. 거절에 덤덤한 뻔뻔함이 부족한 성적 매력을 보완할 수 있다. 그런데 동료는 자기 얼굴과 외모에서 판단한 낮은 확률만 탓하고 있다.

과도한 희망으로 힘든 청년은 아주 가끔 확률을 정확히 꿰뚫는다. 그는 자동차 번호판 서울33다9539를 보았다고 흥분한다. "나 오늘 이런 신기한(희귀한) 번호판을 보았어." 친구는 당황하며 그의 정신 상태를 걱정한다. 그런 친구가 며칠 후 번호판 서울11가1111을 목격했음을 흥분해서 전한다. 청년은 고개를 갸웃한다. 사실 두 번호판 모두 똑같은 정도로 극단적으로 희귀한 것이기 때문이다. 1/(전체 번호판 수)의 확률이다.

열린 마음의 그에게 세상의 거의 모든 자극은 그렇게 특별나다. 동전을 100번 던져 앞면 뒷면이 특정 순서로 배열될 확률은 1/2을 연속으로 백번 곱한 값이다. 각자의 개성은 동전의 배열순서처럼 고유하다. 그렇게 각자는 형제자매, 이웃과 미세하나마 뚜렷이 구별되는 외모, 성격, 재능, 버릇을 가진다. 각각의 것들이 지니는 특별함에 늘 민감한 가공의 인물이 빨간 머리 앤이다. 소녀처럼 청년에게도 세상은 온통 신기하다. 그래서 그는 항상 활기차다.

청년의 마음을 자극하는 우연이 그에게 인연을 선사했다. 그는 파리의 에펠탑에서 대학 동기를 만났다. 인연이 아닐까 설레며 놀랐다. 그런데 질문이 달라지면 설렘은 사라진다. 그녀가 아닌 아는 누군가를 만날 확률은 매우 높다. (거의) 모두가 가고 싶은 파리이고 에펠탑이지 않은가! 비행기를 기다리는 인천공항에서는 더욱 그렇다. 어디선가 지인이 너를 지켜보고 있을 가능성이 농후하다. 그러니 공중도덕을 잘 지키는 편이 나을 것이다. 여하튼 청년은 그녀와 지금 사랑하고 있다.

친구와의 광화문 약속을 기다리는 청년 앞에 한 인물이 떠들고 있다. 99%와 100%가 엄청난 차이라고 몸서리치면서 확률적 사고의 맹점을 파고드는 영악한 선동꾼이다. 갈라치기의 달인은 조그마한 틈만 보여도 비집는다. 무수한 시행이 있다면 극히 희박한 발생 확률의 사건도 결국은 일어난다는 "아주 아주 큰 수의 법칙"에 어울리는 끈질김이다. 이쪽저쪽 막 찔러본다. 아니면 말고 식이다. 잦은 시도 중 하나만 걸리면 탄핵이고 퇴진이다. 이번에는 원전을 걸고넘어진다. 수령의 핵실험과 핵 도발 가능성에 평온하던 그는 한 편의 재난 영화를 감상한 후 탈원전의 화신으로 돌변한다. 원전이 있는 한 끔찍한 사고는 언젠간 어디선가 일어난다는 틀릴 수 없는 우김이다.

방금 어린아이를 학교에 보내고 커피를 마시며 학부모는 유튜브를 듣고 있다. '그렇지. 충분한 것은 부족한 것이지. 안전은 완벽해야지. 가능성이 0이라야지.'

그런데 이상하다. 학교는 왕따, 학교폭력, 고소, 고발 등 온갖 위험이 도사리는 곳이다. 무시무시한 자동차와 킥보드가 내달리는 등굣길도 만만치 않다. 대한민국 어디선가 누군가에 무슨 나쁜 일은 매일 반드시 생긴다. 원전 사고 강박증의 학부모는 도대체 어떻게 어린 자식의 등교를 허했는가?

그럼 등교를 금지하면 만사형통인가? 만약 지극히 희박한 가능성의 사고가 두려워 아이를 집에만 두면 미처 생각하지 못한 위험이 도사리고 있다. 동영상에 코를 박는 집중력 결핍증이다.

그렇다. 세상에 공짜는 없다. 조그마한 실수에도 자신을 심하게 자책하는 젊은 완벽주의자는 파리에서의 인연으로 한창 장거리 연애 중이다. 연인과 30분을 더 같이 있으면 열에 한 번은 막차를 놓친다. 일찍 헤어져 막차를 한 번도 놓치지 않았다. 아뿔싸! 뿌듯해하는 소심한 완벽주의자는 연인과의 못다 한 시간이라는 대가를 톡톡히 치른 셈이다. 그리스인 조르바가 그를 심하게 꾸짖지 않을까 상상한다.

이처럼 얻는 게 있으면 잃는 게 있음이 세상 이치이다. 얼마를 얻고 잃는지 따져야 한다. 극도로 낮은 원전의 위험을 완전히 없애겠다고 탈(脫)하면 미처 상상하지 못한 기회비용이 천문학적이다. 예방할 수 있었던 범죄, 막을 수 있었던 화재, 더 깨끗한 거리를 잃어버릴 수 있다. 사람 중심이라는 북한식 구호를 광장에 내걸지 말고 차갑게 계산해야 한다. 불행히도 감성에만 매달리는 선동가에게 기회비용의 심사숙고는 없다.

논리를 거부하고 막무가내로 감성만 파고드는 데 마침내 성공한 정치인은 오만한 자신감에 마음이 부풀어 오른다. 두꺼운 얼굴과 어두운 마음의 입후보자는 자신의 승리를 호언장담한다. 허풍이 아니다. 진심으로 자신의 승리를 믿는다. 자기 이름을 연호하며 쫓아다니는 충성파의 열광과 시장 상인의 덕담에 우쭐거리는 마음을 피할 길이 없다. 주위에 얼씬거리지 않은 혐오자의 모습은 승합차로 급히 이동하고 있는 그의 눈에 보이지 않는다. 온통 지지자뿐이다. 악수 받는 손이 다 아프다. 반대 진영과의 신사협정은 어림없는 헛소리이다. '승리는 온전히 나의 것이다. 그렇지. 돌진이다. 전면전이다.' 오만해진 그의 과신이요 착각이다.

오만으로 부풀어 터지는 정치인과 달리 테러단체는 차갑게 계산한다. 최소 비용으로 최대 두려움을 조장하려는 반인도주의적 살상 행위는 다음의 특징을 가지고 있다. 1) 누가 피해자가 될지 미리 알 수 없다. 2) 잠재적 피해자의 대상이 넓다. 3) 실제 피해자는 소수이다. 4) 소수의 피해는 막대하다.

이런 테러 계산에 안성맞춤인 목표물이 시내버스이다. 버스 테러 동영상이 전하는 잔혹함에 치를 떨면서 시민은 먼 거리를 자전거로 출근한다. 이제는 지각 사태이다. 상상이 쉽게 되는 사건의 발생 빈도를 과장하는 가용성 어림법(availability heuristic)이다. 빈도에 대한 오해를 불러일으키면서 테러 집단은 값싼 폭력으로 큰 공포를 조장한다. 수지가 맞다.

사악하고 냉정한 테러리스트와 달리 문자를 보낸 청년, 안전에 강박인 학부모, 테러의 공포에 떠는 시민처럼 확률적 사고의 오류 때문에 우리는 자주 쓸데없이 걱정하고 불안해한다.

그중에 흔한 실수가 조건부 확률이다. 평소와 달리 불편한 상사의 답문자가 꽤 오래 없다. 그런가 보다 했던 생각이 점점 나쁜 쪽으로 기운다. 청년은 어제 회식 자리에서 내뱉었던 말들을 하나씩 되새김한다.

일단 안심하라. 걷잡을 수 없는 청년의 의심과 불안은 잘못 던진 질문 때문일 가능성이 짙다. 그는 상사가 자기에게 기분 나빠 답하지 않을 확률을 묻고 있다. 식으로 표현하면 P(노답 | 기분 나쁨)이다. 이 경우 확률값은 당연히 높다. '제기랄! 그는 나를 싫어하는군. 이를 어쩌지.'

틀렸다. 그는 반대 순서로 질문해야 했다. 답문자가 오지 않은 조건에서 상사가 그를 나쁘게 생각하고 있을 확률이다. P(기분 나쁨 | 노답)이다. 이제 기분 나쁨은 답문자가 없을 다른 많은 이유 중 하나일 뿐이다. 조건부 확률값은 아주 낮다.

여기 신(神)의 답문자를 받지 못해 불안한 부족이 있다. 남녀노소가 둥그렇게 모여 있다. 온 땅을 메말리는 신의 분노를 달래려는 제사가 한창이다. 한여름 높은 불기둥의 모닥불 주위를 두껍게 옷 입은 제사장이 미친 듯이 춤추며 빙글빙글 돌고 있다. 땀방울이 바닥에 비처럼 뚝뚝 떨어진다. 모두 신의 계시라며 환호한다. 양의 혀를 먹으면 말을 잘 할 수 있다고 믿는 중앙아시아인을 닮은 사고방식이다. 자라 보고 놀라서 솥뚜껑

보고 놀라는 대표성 어림법(representativeness heuristic)이다. 춤을 추는 정도로 끝내면 다행이다. 가끔은 제물이라고 애꿎은 처녀를 살해하는 바보 같은 짓을 서슴지 않는다. 바빠서 비를 내리는 걸 까먹은 신은 인간의 잔혹함에 황당하다.

이렇듯 엉터리 조건부 확률은 타인의 행위를 내면의 태도와 인성으로 설명하려는 버릇에 크게 기인한다. 사회심리학의 근본귀인오류(fundamental attribution error)이다. 차가 막혀 약속 시간에 늦은 애인에게 사랑이 시었디며 실밍하는 살봇이다. 답문자가 아직 없다면 상대의 적의나 기분 나쁨이 아니라 바쁨, 늦잠, 술 취함, 배탈, 핸드폰 분실 등 상황적 요인을 먼저 떠올리는 편이 더 타당하다. 그런 경우의 수가 훨씬 많기 때문이다.

성공과 노력의 조건부 확률

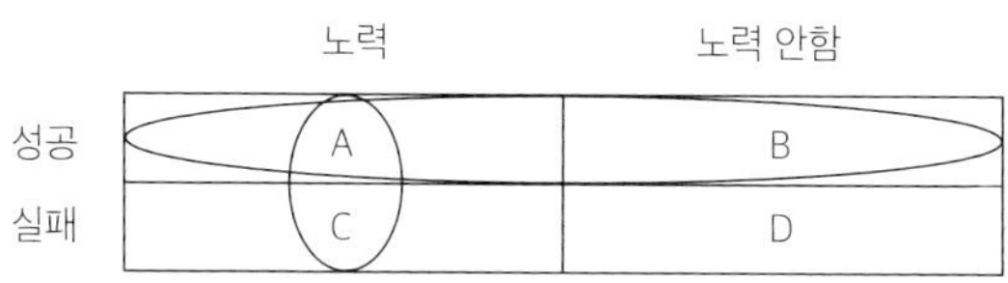

$P(\text{성공} \mid \text{노력}) = \frac{A}{A + C}$ $P(\text{노력} \mid \text{성공}) = \frac{A}{A + B}$ $P(\text{성공} \mid \text{노력}) \neq P(\text{노력} \mid \text{성공})$

흙수저, 금수저 논란도 서로 다른 조건부 확률 때문이다. 노오력을 강조하는 어르신과 이생망(이번 생은 망했다)이라며 구조적 불평등에 체념하는 젊은이는 서로 다른 공식을 암묵적으로 세우고 있다. 어르신은 답답하다는 듯 청년을 나무란다. 특별히 자수성가했다 자부하는 이의 안타까움이 크다. 그는 노력한 사람 중 성공한 사람을 생각한다. P(성공 | 노력)의 조건부 확률이다. 반대로 시큰둥한 청년은 성공한 사람 중 노력한 사람이 얼마인가를 따진다. P(노력 | 성공)이다. 식으로 표현하니 다름이 확연하다.

고집스러운 어르신의 계산에는 큰 함정이 하나 있다. 폭풍우 속에서 기도했지만 살아남지 못한 자를 그린 그림이 없듯이 외진 공터의 초라한 무덤을 찾지 않는 이상 노력했지만 실패한 이들(표의 C)은 눈앞에 보이지 않는다. 이런저런 까닭으로 성공한 자들만이 우리 눈앞에 어른거린다. 이는 곧이어 다룰 표집 편향(sampling bias), 생존자 편향(survivorship bias)이다. 결국 어르신의 조건부 확률값이 실제보다 부풀려질 수밖에 없다.

불안과 오해를 넘어 엉터리 조건부 확률은 법적 오류를 낳기도 한다. 미국이 주목한 세기의 재판에서 유능한 변호사는 조건부 확률을 틀어버린다. 아내를 구타한 남편 중 아내를 살해한 자(살인 | 구타)의 비율은 높지 않다. 흑백 커플 사이에 살인(살인 | 흑백부부)이 일어날 확률도 낮다. 다 맞는 말이긴 하다. 살인 사건이 원래 드물기 때문이다. 그렇게 O. J. 심슨은 법망을 빠져나갔다. 담당 검사는 살인자 중 다수가 아내를 구타하고(구타 | 살인), 아내가 타살당했다면 남편이 살인자(남편 살해 | 부인 타살)일 확률이 매우 높다고 반박해야 했다.

잘못 세워진 조건부 확률은 다른 곳에서도 심각한 문제를 일으킨다. 성희롱이고 성추행이다. 이성 부하 직원이 상사에게 미소 짓는다. 부풀어 터지는 자기 사랑(자뻑)에 허우적거리는 상사는 자문한다. 자기에게 성적 매력을 느끼는 자 중 미소를 짓는 자는 얼마인가? P(미소 | 성적 매력)를 구하고 있다. 아주 위험한 질문이다. 대신 그는 다른 질문을 던져야 한다. 미소 짓는 자 중 나에게 성적 매력을 느끼는 자는 얼마인가? P(성적 매력 | 미소)이다. 이에 타당한 답을 내리기 위해서는 기저율(자신의 성적 매력 정도)을 상기해야 한다. 작은 키와 짧은 목에 얼굴 비중이 큰 50대 상사의 기저율은 매우 낮다. 그가 받은 미소의 절대다수(전부는 아닐지라도)는 사회생활의 윤활제, 예의만 바름에 불과하다. 제대로 세워진 조건부 확률값은 그림에서 (소수의 성적 호감 미소)÷(소수의 성적 호감 미소+다수의 예의 바름 미소)의 나누기다.

반대로 뒤집힌 계산은 상사를 천 길 벼랑길로 안내한다.

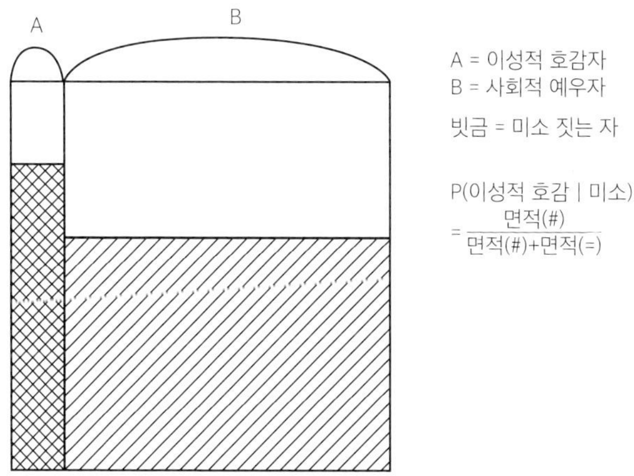

조건부 확률의 엉터리 사용은 언론 보도에서도 빈번하다. 특종과 속보에 목마른 언론사의 성급함이 만들어내는 '아니면 말고' 식 억측이다. 김정은이 회의에 나타나지 않았다. 뭔가 심상치 않다는 기사가 쏟아진다. 다시 한번 기저율의 무시이다. 만약 돈내기라면 나는 그의 급한 설사에 걸겠다.

그래도 이해관계에 민감한 이들은 조건부 확률을 제대로 사용한다. 그중에는 유력 정치인을 따라다니는 출세주의자들이 있다. 모시는 어른의 정치적 미래가 출세에 목마른 부하의 최대 관심이다. 세와 인기 등을 틀림없이 측정하기가 꽤 어렵기에 보이고 들리는 정치인의 표정과 말 한마디에서 승신을 간접적으로 추정하려 한다. P(승리 | 호언장담) 〉 P(승리 | 겸손)이다. 이를 알기에 정치인은 큰소리치고 후흑(厚黑)이다. 이는 너와 나의 미래를 믿고 이상한 말 하지 말라는 그의 암령(暗令)이기도 하다. 내일의 호가호위를 믿기에(믿고 싶기에) 법정에 선 심복은 오늘도 침묵한다.

이렇듯 제대로만 사용한다면 조건부 확률은 판단의 훌륭한 도구이다. 조건부 확률로 그토록 논쟁적인 대북 정책을 평가해 볼 수 있다. 햇볕 정책으로 북한의 도발 확률이 어떻게 변했는지를 살피는 것이다. P(A)와 P(A | B)의 비교이다. 비용 문제는 일단 제쳐두자. 만약 햇볕 정책이 의도대로 작동했다면 우리는 P(호전 행위 | 햇볕 정책) 〈 P(호전 행위)와 같은 관계를 확인할 수 있어야 한다. 주기적인 핵실험에서부터 북한의 뜬금없는 호전적 발언, 대통령에 대한 욕지거리, 서해 공무원 피살, 남북 연락 사무소 폭파, 미사일 기술의 고도화 등을 놓고 보았을 때 이쪽 혹은 저쪽의 부등호 대신 등호가 아닐까 나는 생각한다.

마무리로 다시 청년의 이야기로 돌아가자. 그는 두 번째 문자는 보내지 말아야 했다. 답이 없음에 심적 부담을 못 이긴 그는 다시 문자를 보낸다. 아마도 첫 번째와 마찬가지 이유로 답이 없을 공산이 크다. 그는 당황한다. '두 번이나 답이 없다니 분명 나에게 악감정이 있음이 분명하다.' 성급한 착각이다. 두 번의 문자는 열에 한번 위양성(정상인을 감염인으로 표시)을 보이는 검사 시약으로 반복하는 코로나 검사와 다르다. 코로나 검사는 두 번의 독립 시행이다. 두 번 모두 양성이 나왔다면 불완전한 시약에도 불구하고 위양성일 확률은 거의 없다고 봐도 좋다. 감염이다. 그런데 연이은 두 번째 문자는 독립 시행이 아니다. 상사는 여전히 중요한 회의 중이다. 두 번째 무응답을 확인 사살로 결론짓는 것은 종속 확률을 독립 확률로 착각해 두 아이를 연속해서 잃은 비극의 아이 엄마를 살인자로 몰았던 악명 높은 소아과 의사의 놀라운 아둔함을 닮았다. 그러므로 쓸데없는 두 번째 문자로 괜히 마음 졸이지 마라.

확률에 대한 깨끗한 사고는 걱정도 줄이고, 성추행도 피하고, 정치인의 뻔뻔함도 알아채고, 소모적인 논쟁도 피하게 한다. 무엇보다 조잡한 인과(因果)의 전체주의 이념에 청년이 감염되는 것을 막아주는 훌륭한 백

신이다. 그리고 정치인을 돌려 까는 사주 놀이(점쟁이가 실명을 모른 체 유명인의 사주를 마구 비난하는 영상) 장난질도 한 방에 날려버린다. 다음에서 자세히 다룬다.

2. 보이지 않음은 없음이 아닌데: 모든 정치적 장난질의 시작

명곡 〈Sound of Silence(침묵의 소리)〉의 제목이 멜로디만큼이나 심오하다. 들리지 않는 침묵을 노래한다.

노래의 제목과 달리 우리는 보이지 않고 들리지 않으면 실재하지 않는다고 간주한다. 이 착각이 모든 인지적 오류의 근원이다. "한쪽 눈을 다친 새가 육지를 보며 사냥꾼을 피했지만, 바다를 향한 눈이 보이지 않아 안심하다 바다 쪽 어부의 총에 죽는다"라는 이솝의 이야기처럼 우리는 보이지 않음을 없음으로 바꿔치기한다. 한때 분유를 열심히 먹인 과거의 오류이기도 하다. 당시 기술의 한계로 찾지 못했을 뿐인데 모유의 장점이 없다고 믿었다. 다행히 분유 회사가 후원하는 전국 우량아 선발 대회는 지금 사라졌다. 편도선 제거 수술이 유행한 이유도 마찬가지였다. 그때까지 알지 못함을 긍정적 기능이 없음으로 결론짓고 편도선을 잘라버렸다. 옆으로 난 칼자국이 목에 선명했다. 용감무쌍이었다.

모유의 장점을 찾다가 결국 찾지 못하고, 없다고 결론 내리는 어리석음은 그나마 낫다. 처음부터 찾아볼 생각조차 못 한다. 무엇을 찾아야 하는지를 모른다. 무대에서 사라진 패자의 존재가 그렇다. 패자의 소리 없는 아우성에도 그는 원래부터 없었던 인물이 되어 버린다. 그래서 성공할 뻔했던 백 명의 실패담이라는 자기계발서를 쓰기는 거의 불가능하다. 누구를 찾아 써야 할지 오리무중이다. 능력에서 뒤진 운 좋은 승자만을 보고 작가는 이런저런 인생 공식을 떠든다. 책은 잘 팔린다. 뒷골목의 뛰어났던 패자는 두 번 죽는다.

감각(感覺)할 수 없는 부재를 머릿속으로 헤아리지 못한 판단은 부정확할 수밖에 없다. 많은 일상의 지혜가 그렇다. 잘나가는 자는 잘난 값 한다는 연애의 속설이 있다. 그럴지도 모른다. 왜냐하면 못된 성격이 출세에 도움이 되는 듯하니 말이다. 아니면 왕관의 무게를 못 이기고 인간미를 잃어버렸을 수도 있다. 그런데 능력도 없으면서 인간성도 안 좋은 꼴값이라 주제 파악이 절실한 이도 있다. 연애 기피 대상이다. 연애사를 돌아보는 많은 사람의 회상에는 없지만 실재하는 인물이다. 그렇게 꼴값은 전체 집합에서 잘못 배제된다. 그래서 능력과 인간성 사이의 부정적 관계는 (있지만) 과장된다.

능력과 성격의 상관성

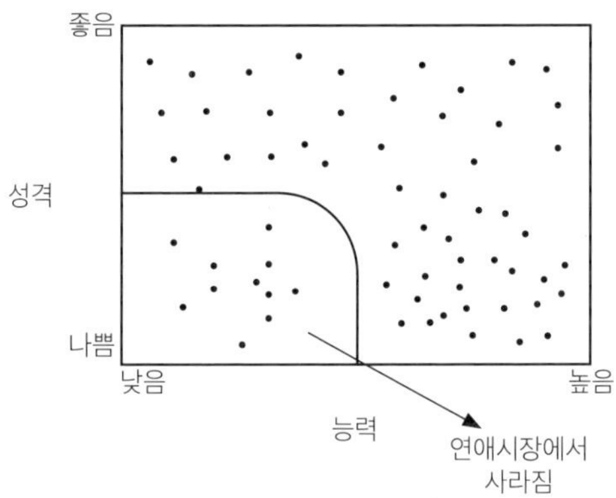

잘못된 판단에도 불구하고 감각을 자극하지 않는 사건을 처음부터 없는 것으로 치부하는 게 정신건강에는 도움이 될지 모른다. 모르는 게 약인 셈이다. 영화 『말죽거리 잔혹사』에서 누군가 위층에서 우유를 던져 독한 선도부장을 맞춘다. 화가 머리끝까지 뻗쳐 행패인 그에게 주인공은

"니가 그렇게 싸움을 잘해? 옥상으로 올라와"라고 외친다. 사실 선도부장에게 발사된 액체는 우유만이 아니었다. 질풍노도의 다른 학생은 가래침도 뱉었다. 맞히지 못했기에 가래침은 처음부터 없었던 것과 마찬가지이다.

세월이 흘러 교수가 된 선도부장의 평온을 이번에는 학교 동문이 깨뜨린다. 보이는 것만이 전부라고 생각하는 못된(어리석은?) 동문이 그에게 다가와 다짜고짜 따지듯 일갈한다. 큰 회사를 그만두고, 유학을 다녀와서 지방대 교수를 하는 지인의 선택을 이해할 수 없단다. 동문의 별로 곱지 않은 태도가 느껴지는 안타까운 질문이다. 또 다른 놀부 심보가 있다. 고약한 어른이 열심히 책 보고 있는 어린 청소년에게 이제 시대가 달라져 스포츠 선수가 형편이 훨씬 낫다는 둥 구하지 않은 비아냥거림을 일삼는다.

위의 등장인물은 못된 심보만큼이나 확률에 심하게 무지한 자이다. 무지함의 뒷면에는 실패하고 망한 자를 고려하지 못하는 생존자 편향이 어른거린다. 살인적인 승자독식의 경쟁에서 살아남은 대기업 전무나 부회장이 대학 교육 종사자보다 훨씬 더 큰 대우를 받는 것은 당연한 일이다. 그런데 흐뭇하게 거울 앞에 선 임원이 한 명 나올 때까지 얼마나 많은 이들이 울고불고 그만두고 쫓겨났겠는가? 그렇게 사라진 자들을 홀로 남아 출세한 임원과 함께 고려해야 맞는 계산이다. 임원에 오를 확률 곱하기 보상(연봉 등등)이라는 기댓값은 생존자만이 아니라 사라진 자도 포함한 계산인 것이다. 그러므로 살아남은 임원의 연봉 대신 막 입사한 지의 20년 뒤 기대 연봉이 더 적절한 비교이다.

소위 찌질이라며 깔본 이의 조그마한 성공에 심통이 난 동문에 비해 자식의 미래를 걱정하는 부모는 생존자 편향에 덜 취약한 듯하다. 요즈음 장래 희망으로 아이돌이 대세라지만 많은 소시민 학부모는 여전히 자식이 공무원, 교사가 되기를 원한다. 언제나 그렇듯 부모가 맞다. 화려한 슈퍼스타뿐만이 아니라 어디서라도 섭외 전화가 오기를 학수고대하는 연예 지망생 모두를 교대 졸업생 모두와 비교해 보라. 소득의 평균값에서 교대 졸업생 쪽이 더 높을 것이다.

소득의 불균형은 더욱 심각하다. 연예계의 평균(average) 소득은 일용직 노동자로 가득 찬 선술집에 갑자기 빌 게이츠가 들어온 꼴이다. 대부분은 평균 소득에 훨씬 미치지 못한다. 평균이 아니라 소득의 순서상 중간인 중위(median) 소득이 연예계의 현실을 제대로 말해준다. 중위 소득에서 연예 지망생과 교대생의 차이는 더욱 벌어질 것이다.

이제 누가 없는지 혹은 무엇이 빠졌는지를 먼저 살피게 돼버린 파리의 청년은 언론 보도에 자주 딴죽을 건다. 여태껏 보이지 않던 것이 이제 그의 눈에 보이기 시작이다. 엉터리 통계가 여기저기 "폴란드 망명 정부의 지폐"처럼 나뒹굴고 있다. 기혼자와 미혼자 중 누가 더 행복한지를 알리는 통계 기사에는 보이는 것만 존재한다고 믿는 생존자 편향이 어른거린다. 한번 갔다 돌아온 이혼자를 어떻게 분류했는지 밝히고 있지 않다. 결혼을 한 번이라도 한 사람과 전혀 하지 않은 사람으로 구분해야 결혼이 행복에 미치는 영향을 제대로 평가할 수 있다. 청년은 이제 신문 읽기가 피곤하다. 파리의 연인과도 자주 말다툼을 벌인다. 밖을 나와 햇빛을 보고 돌아간 동굴에서 자꾸 넘어지는 꼴(동굴의 우상)이다.

그렇지만 청년의 깨어 있음은 아직 한참 부족하다. 사고를 미리 예방한 공무원의 노고를 알아 주기가 만만치 않다. 걱정하지 않는 다리 붕괴가 없음에 기뻐 날뛸 수 없는 노릇이니 말이다. 무사고의 날이라는 국경일은 없다. 무사고는 흔한 일상의 연속일 뿐이다. 무엇이 일어나지 않았음을 알지 못하는 세상에서 한 열성 공무원이 항공기 조종실 문의 잠금장치를 고집했다. 항공업계는 그를 조롱했다. 그래도 막무가내인 공무원의 끈기 덕분에 테러범은 비행기 납치를 포기했다. 누구도(심지어 공무원을 포함) 무엇을 막았는지 모를 뿐이다. 건축법을 깐깐하게 적용해서 모두로부터 원망을 들었다는 튀르키예 어느 시장의 곤란이기도 했다. 2023년 2월 대지진의 참극이 도시를 덮치지 않았다면 그는 죽을 때까지 지역민의 원망 속에 정치 생명을 마감했을 터였다. 감당할 수 없는 비극만이 그가 영웅임을 일깨워 주었다.

심지어 깐깐한 시장이 일을 열심히 해도 일어날 대참사는 언젠가 일어난다. 누구도 사고의 특정 경로를 사전적으로 전혀 상상하지 못했을 뿐이다. 미국 스리마일섬의 원전 사무실의 경고등 위에 붙인 포스트잇이 치명적인 실수가 될 뻔했음을 누가 미리 알았겠는가? 그런데 참사가 일어나면 몇 가지 사소한 실수의 이상한 연쇄를 상상하지 못했음을 기억하지 못한다. 출석하지 않은 사람이 수업에서 손을 들 수 없는 이치이다. 대신 "내 그럴 줄 알았다"라는 등장인물이 어김없이 머릿속을 꿍꽝거린다.

이런 인지적 왜곡과 거대한 슬픔에 올라탄 야비한 정치꾼은 공감의 칼날로 희생양(주로 정적)을 베어버린다.

그런데 정말 그럴 줄 알면 좋을까? 항상 안전을 염두에 두고 사는 인물은 사고 대신 암으로 일찍 사망할 것이라 감히 추측한다. 길바닥에 그어진 선이라는 선은 다 피하겠다는 명탐정 몽크(인기 미국 드라마의 주인공)는 자신과 주위 사람을 힘들게 한다. 사전적으로 말도 안 되게 낮은 사고 확률에 비추어 볼 때 차라리 무지와 무신경이 만수무강에 훨씬 나은 선택이지 않을까?

사실 예방법이라는 것들이 자주 뜨악하다. 청년은 막대기로 휘휘 저으며 천천히 걸어 뱀을 피하라는 안전 방송을 달리는 기차 안에서 시청하고 있다. 웃음을 참기 어렵다. 뱀 안 물리기에만 온통 정신을 팔아야 가능한 예방법이니 말이다. 산행의 목적이 오로지 뱀에 안 물리기라면 모를까?

산이 좋아 산을 찾은 등산객이 전혀 실천할 수 없는 지침이다. 사후적으로 피해자만 욕하기 딱 좋다.

부재의 무감각(너무 당연하긴 함)이 비일비재하기에 규제부처보다 개발부처 공무원이 훨씬 보람을 느낀다. 정부 예산을 들여 다리만 놓아주면 주민들은 그저 칭찬한다. 더 나은 대안을 택하지 못한 기회 손실(opportunity loss)은 안중에 없다. 하지 않음은 감각을 자극하지 않기 때문이다. 시장이 몇 년 뒤에 덮칠 물폭탄을 대처할 수 있는 배수 공사를 포기했다는 사실은 깡그리 무시되었다. 그렇게 몇 년이 흐르고 침수 대란이 일어났다. 그는 이미 퇴임했고 지금 크루즈 유람 중이다.

직권남용이 직무유기보다 흔한 이유이기도 하다. 열심히 하다 선을 넘은 행위는 감각을 자극한다. 공분이 일어난다. 이와 달리 게으른 일 처리에도 문제가 발생하지 않았다면 무엇이 문제인지 알기 어렵다. 심지어 사고가 발생해도 누구에게 잘못을 물어야 할지 분명하지 않다. 우리의 오감을 자극하는 관찰 가능한 행동이 없기 때문이다. 마찬가지로 투자자는 직접 손실에 괴롭지만, 놓친 좋은 기회(기회 손실)를 잘 알아채지 못한다. 이런 인지적 비대칭성을 알기에 높은 자리에 앉은 이는 잠재적 문제를 보고하지 않는 부하가 예쁘기까지 하다. 면피이다. 이런 고의적 무위가 사고의 잦은 원인이다.

부재의 무감각이 파는 함정은 점점 더 깊어진다. 눈앞에 보이는 게 전부라 믿는 어린 마음은 극단의 이념에 빠져 허송세월이다. 지금의 중국과 1980년대 한국 중 어디가 더 자유로운가? 겉모습은 거꾸로이다. 1980년대 한국의 대학에는 최루탄이 난무했다. 반대로 지금 중국 캠퍼스의 밤은 청춘남녀의 낭만으로 가득하다. 그래도 아주 가끔 중국의 극소수 청춘은 백지를 머리 높이 올려 들긴 한다. 이마저도 없는 북한이다. 이를 증거 삼아 반미자주를 최고의 가치로 여기는 노령의 활동가는 어린 청춘에게 많은 북한 주민이 체제에 만족하고 있다고 서슴없이 내뱉는다. 황당무계이다. 정치적 표현을 총살로 다스리는 전 세계 모든 반인도적 정권은 국민의 지지를 받고 있단 말인가? 덧붙이고 싶다. 정당성과 정치적 안정의 밀접한 관련성은 언론·출판·집회·결사의 자유와 주기적 선거가 행해지는 철저히 민주적인 나라의 특징일 뿐이다. 북한식 독재에서 정당성과 정치적 안정의 관계는 완전 직각형 계단의 모습일 것이다. 정당성의 위기가 정치적 안정에 전혀 영향을 미치지 않는다는 의미이다.

허송세월의 노인에게 자기 정당화가 절실한 모양이다. 그의 서글픈 고집에서 청춘을 소모해 버린 이념을 버리기 아까워하는 매몰 비용의 오류(sunk cost fallacy)가 느껴진다. 배운 게 그것밖에 없어서일지도 모른다. 이래저래 그는 옴짝달싹 못(안) 한다. 그에게 반사실적 상상을 제안하고 싶다. 반미자주의 북에 가서 개량 한복을 입고 턱수염과 긴 새치를 하고 "수령, 화이팅"을 외쳐보아라. 어떤 일이 일어날지 명약관화이다.

이제 확증편향을 정의할 준비가 되었다. 보고 싶은 것만 보고 그렇게 보이는 것만이 존재한다고 믿는 인식 행태이다. 가려진 한쪽은 아예 상상에서조차 존재하지 않는 세상이 되어 개인의 인식에서 깨끗이 사라진다.

확증편향이 무조건 이기고 싶은 정치적 욕망을 만나면 걷잡을 수 없다. 당파성이다. 시민당파는 엄청난 소음의 사이버 공간에서 입맛에 맞는 이야기만을 편식한다. 언제나처럼 우리만 맞고 그들은 또 틀렸다. 신념은 점점 더 맹신이 된다. 가끔 도저히 방어하기 어려운 잘못의 우리 편은 반대편을 닮은 못된 얼굴이라 꼬아 버린다. 천재적 비틀기이다.

사회의 목탁이 아니라 정치판에 선수로 뛰어든 언론은 편향성을 악화시킨다. 신념에 불타는 언론이 만든 프레임이 위력적이다. 프레임 씌우기는 가려진 존재를 미루어 짐작하지 못하는 우리의 어리석음을 파고드는 용쓰기다.

정치인, 언론, 시민당파의 협업이 눈부시다. 교묘하게 사건의 유리한 면만을 부각하는 정치인의 페이스북을 언론이 인용해준다. 언론의 보도에 대한 시민당파의 반응에 대한 보도가 이어지고 정치인은 다시 이를 지지하는 내용을 페이스북에 올린다. 이런 시끄러운 되먹임 속에서 꼬리가 몸통을 흔들어 버린다. 실패하면 곧바로 다른 소음 거리를 찾아 어슬렁거린다. 아니면 말고 식이다. 순식간의 태세 전환이다. 영화 『달콤한 인생』에서 주인공(이병헌)에게 요구한 네 글자, '잘못했음'은 어디에도 없다.

3. 관계, 규범, 법치, 민주주의의 기초: 조정게임과 공동지식의 이모저모

파리의 연인과 함께 청년은 오랜만에 나들이 중이다. 지하철 문이 열리고 모두 하차한 다음 승객이 승차한다. 기다리는 줄도 일렬이다. 청년도 맞추어 서 있다. 바로 전 노선에서 아무 생각 없이 급하게 올라탔다가 청년은 주위의 눈총에 얼굴이 빨개졌다. 차례도 지키고 규칙을 어긴 자에게 자발적으로 눈총도 주는 차원 높은 협동을 몸소 체험했다.

출장을 떠나온 그에게 다른 풍경이 기다리고 있다. 혼잡한 역의 문이 열리면 내리는 승객 사이를 비집고 타는 몇몇이 있다. 빈자리를 차지하기 위한 경쟁이다. 다른 이가 공식 규칙(내린 다음에 타기)을 지켜도 쏙 올라타고 지키지 않아도 마찬가지로 급하다. 반대편도 마찬가지이다. 전형적인 죄수의 딜레마 게임이다. 혼잡이다. 그도 방금 이 게임에 동참했다.

내면의 태도가 그 짧은 시간 동안 돌변했을 리 만무하다. 다수의 힘이다. 다수의 행동에 대한 관찰 혹은 기대에 따라 승차 행위가 달라졌을 뿐이다. 다수의 선택에 맞춘 다수의 조정이다. 프랑스 사람이 로마에 도착하자마자 지역 관습을 신속하게 따르는 이치도 그렇다.

조정의 뿌리는 직접적 피해와 거리가 먼 제삼자의 눈총으로 더욱 깊어진다. 다수가 규범을 믿는다고 모두가 믿기에 객실 안 승객은 비집고 올라탄 타인에게 자신 있게 눈총을 날린다. 다수의 지지를 기대하고 자신의 정의감을 당당하게 표현한다. 따갑게 쏟아지는 눈총에도 돌아이는 발작하지 않고 눈치를 보면서 행동을 바로 잡는다. 왜냐하면 말다툼이라도 일어나면 주위 사람들이 눈총 준 자를 편들 것임을 준 자도 받은 자도 믿기 때문이다. 이런 공동의 믿음 덕분에 한쪽의 당당함과 다른 쪽이 확실한 물러남이다. 충돌은 없다. 금연도 그렇게 지켜진다. 정부 요원의 벌금이 아니라 다수의 지지를 믿는 소녀의 짜증과 경멸 덕분이다.

눈총이 정당하다는 모두의 암묵적 믿음이 없으면 그야말로 만인에 대한 만인의 헷갈림이다. 다수가 무엇을 바른 행동으로 생각하는지가 불분명한 시간이다. 앞시와 반대로 눈총을 날리면 물러섬 대신 욕설이 날아오고 아무도 도와주지 않을지 모른다는 걱정이 앞선다.

그런 일이 있었다. 선선한 가을날 동네를 산책하고 있던 청년에게 목줄이 없는 개가 달려와 사납게 짖었다. 다행히 개는 그리 크지 않았다. 그는 개주인을 나무랐다. 개주인의 남편이 싸울 기세로 "개가 그럴 수 있지"라며 험악했다. 당황한 청년은 비슷한 사건에 달린 댓글을 찾아보았다. 개주인 남편 같은 댓글이 만만치 않았다. 아노미였다. 의견의 쏠림이 없었다. 차라리 그가 옳다고 모두가 맞장구치면 개만 보이면 바로 피할 텐데 이도 저도 아니었다.

그럼 아노미의 혼란을 벗어나기 위해서 개주인 남편의 태도가 바뀔 때까지 기다려야 하는가? 아니다. 아노미를 끝내는 한쪽으로의 쏠림은 문화와 규범의 내면화, 진정한 받아들임이 없어도 된다. 상당수가 여전히 예전 생각을 고집해도 세상은 바뀔 수 있다. 지하철 광고판, 언론, 시민단체의 홍보로 다수가 인식하는 대세(여론)의 판단이 달라지면 속으로 투덜

거리는 이도 겉으로 여론에 묵종한다. 조금 전까지 남보다 먼저 타기 경쟁을 벌였던 청년이 몇 시간 만에 일렬로 줄서기 조정에 조용히 동참하지 않았던가! 다시 고향으로 돌아오면 줄서기의 인내심은 빠르게 바닥난다. 아직 그의 줄서기는 내면화된 가치관이 아니라 그가 예상하고 관찰한 다수의 선택에 좌우된 것이다. 마찬가지로 대세 여론이 분명해지면 개주인은 목줄을 짧게 잡고 개를 나무랄 것이다. 속으로만 '우리 개는 물지 않는데' 라고 못마땅할 뿐이다. 이렇게 속마음과 다른 예의만 바른 행동이 반복되면서 행동에 어울리는 자기 인식(self-perception, 나는 타인을 배려하는 멋진 사람이라는 자아 발견) 덕분에 점차 규범이 내면화될 것이라 상상해 본다. 그렇게 우락부락했던 개주인 남편마저 자기 개는 물지 않는다는 다른 개주인을 째려볼 것이다.

다수의 선택에 나의 선택을 일치시키는 조정이 항상 질서정연함만을 의미하지는 않는다. 베트남 하노이에서 청년은 또 다른 조정, 얼핏 무질서 같은 질서를 만난다. 더운 여름 하노이 올드쿼터 주변 도로를 걷는다는 건 매연을 쏟아내는 오토바이들과의 춤판이다. 앞으로 빠르게 직진만 해서는 안 된다. 운전자와 눈빛을 교환하며 앞으로 갔다, 한 발짝 물러섰다, 다시 빠르게 앞으로 갔다, 멈추기를 불규칙하게 반복해야 한다. 보행자들이 좀비처럼 고개만 숙이고 상대를 애써 보지 않으려는 모습과 사뭇 다르다. 고향 길거리에서 좀비 게임에 익숙했던 청년은 하노이 생활 며칠 만에 훌륭한 길거리 춤꾼으로 변신한다. 첫날의 당황스러움은 어디론가 사라진다.

이렇듯 다양한 종류의 모든 질서와 관습은 모두가 알고 있음을 모두가 알고 있다는 인식인 공동지식(common knowledge)에 기초한다.

술꾼은 이 고차원적인 인식을 만들어 주는 프로그램을 자주 사용하고 있다. 단톡방이다. 단톡이라는 기술이 없던 시절 술자리 약속을 잡고

자 주최자가 몇 번에 걸쳐 모두에게 메일을 보내고 또 보냈다. 모두의 참석을 모두가 알고 있다고 모두 알고 있는 공동지식을 만들기가 쉽지 않았다. 단톡방은 누가 누가 참석하는지 모두가 알고 있음을 모두가 알고 있다는 공동지식을 순식간에 만드는 혁명적 장치이다. 숫자가 사라진 메시지는 모두가 읽었음을 모두가 아는 정보이다. 이 덕에 약속 잡기가 참 쉬워졌다. 잦은 술자리다.

단톡방에 모인 술꾼만이 아니다. 사랑꾼도 공동지식의 본질을 꿰뚫고 있나. 영화 『봄날은 간다』에서 "라면 먹고 갈래"라고 묻는 여주인공에게 남주인공이 화를 낸다. 과거의 연인관계를 가벼운 사이로 전환하려는 여자의 의도를 알아챈 남자의 좌절과 분노이다.

그런데 라면 먹고 갈래는 보통 끝이 아니라 시작하려는 연인의 필살기이다. 드라마 『보라! 데보라』의 한 장면은 라면 먹고 가기(여기서는 한잔 더)가 얼마나 복잡하고 미묘한 의사전달인지 잘 보여준다.

> 남: 시간이 너무 늦었나? 여: 가볍게 한잔 정도는 … 남: 아 그러면 여기 어디. 그럴 게 아니다. 그냥 우리 집에서 한잔 더하죠. 여: (혼자 생각으로) '앞서 나가지 말자. 속지 말자. 멜로는 끝.' 남: 아니다. 아니다. 제가 너무 부적절한 제안을 했네요. 여: 그죠 … 그거 너무 뻔한 클리셰잖아요. 물론 우리는 그럴 일은 없지만 … 혹시 모르니까 … 남: 그러니까

"앞서 나가지 말자." "너무 뻔한 클리셰잖아요." 시시각각 마음이 복잡하다. 왜냐하면 서로가 서로에게 설레는 마음을 공동지식의 수준으로 올리는 것이 조심스럽기 때문이다. 그래서 말이 복잡해진다.

라면 먹고 갈래 식의 상호작용을 갑돌이 갑순이 게임으로 부르고 싶

다. 남녀칠세부동석의 흔적이 뚜렷한 마을에서 자란 절친 갑돌이와 갑순이는 따로따로 서로에 대한 이성적 감정을 키워 왔다. 그렇지만 혼자서만 앞서간 생각인지 불안하다. 잘못된 고백으로 헤어지기보다는 친구로 남고 싶다. 고백 아닌 고백으로 상대의 마음을 살짝 떠보고 싶다.

갑돌이 갑순이의 딜레마

		갑순이	
		고백	침묵
	고백	연인	어색한 사이
갑돌이	침묵	어색한 사이	여사친, 남사친

이때 라면 먹고 갈래 식의 화법이 제격이다. 고백과 침묵의 이분법 사이에 존재하는 영리한 술수인 셈이다. 시대가 변했으니 “넷플릭스 보고 갈래”로 바뀔 지도 모르겠다. 북한에서라면 “수령님 노작을 필사하고 갈래” 정도를 예상해 볼 수 있다. 라면 먹고 가기가 싫은 이는 말하는 이의 의도는 알지만, 짐짓 문자 그대로 해석한다. “배가 불러서 생각이 없어요”라는 식으로 답한다. 그럼 반대편도 의도를 알아챘지만 “우리가 저녁을 너무 많이 먹긴 했지”라며 어물쩍 넘긴다. “사귈래?” “아니”라는 직접적 의사전달과 달리 상대의 의도를 알고 있음을 서로 알고 있음에 약간이나마 미치지 못한다. 이로써 친구로 남을 수 있는 인식의 여유 공간이 남는다.

그래서 라면 먹고 갈래는 연인관계의 시작점이 될 수는 없다. 퇴근길 버스가 막 출발하려 한다. 남자가 여자에게 소리친다. “1주일 후에 집에서 라면 먹고 갈래?” 여인도 소리친다. “알았어, 좋아.” 대답이 떨어지자마자 서로는 서로를 향해 손을 흔든다. 그럼 둘은 집에 돌아가 프로필에 연애 1일이라 표시할까? 하지 못한다. 결정적 단어가 서로의 입 밖으로 나오지 않은 이상 양인심사양인지(兩人心事兩人知)의 연인관계는 아직 없다.

눈빛과 대화가 공동지식을 위한 둘 사이의 소통이라면 리본 달기는 불특정 다수끼리의 소통이다. 리본, 팔찌 등 표식은 개인의 속마음을 다수에게 공개적으로 표현하는 수단이다. 남에게 자기 뜻을 알리겠다는 주체의 의지가 반영된 물건이다. 철저히 사적인 추모는 방안에서 혼자 하는 묵념이다. 리본 달기는 추모의 마음과 함께 우리가 다수임을 다수가 안다는 여론을 만들기 위한 실천이다. 복받치는 감정에 올라타는 정치 행위이다.

정치적 동물인 인간은 바깥에 보인다는 것이 무엇인지 본능적으로 안다. 1) 할머니는 무리해서 비싼 유모차를 손주에게 선물한다. 2) 부촌 주위의 유치원 등굣길에 하얀 외제차가 많이 보인다. 3) 고마운 이에게 드릴 선물로 텀블러, 넥타이, 스카프가 제격이다. 4) 청년은 사랑하는 이를 위해 면세점에서 고급 립스틱을 고른다. 5) 몇몇은 명품으로 치장한다. 6) 북한에서 흡연자는 외제 담뱃갑을 버리지 않고, 청년들은 남한 말투를 따라 한다. 북한식 허세이다. 이 모두에는 공개성에 따른 관찰 가능함이라는 공통점이 있다.

모두가 육감적으로 느끼는 공개성과 공동지식은 인기 없는 통치자의 정치적 운명을 가르는 변수이다. 재정이 어려워진 이집트 정부는 가난한 주민의 주식인 빵 가격을 올렸다가 혼쭐이 났다. 대규모 시위에 정신 차린 정부는 나쁜 밀가루로 우회했다. 이번에는 시민들이 조용히 넘어갔다. 공동지식의 유무 때문이다. 가격 상승은 자동으로 공동지식을 만든다. 모두가 가격 상승을 알고 있다고 모두가 믿는다. 반서민정책이라는 공동지식이다. 이상한 빵 맛은 그렇지 않다. 수고로운 대화가 필요하다. 서로의 입맛이 다를 수 있기에 일일이 물어보아야 한다. "너는 이상하니? 나는 이상하다."

가격 인상의 정치적 휘발성은 최근에도 확인된다. 2019년 10월 칠레

산티아고 시민의 폭력 시위는 버스요금 인상으로 촉발되었다. 한 달 뒤쯤 2019년 11월 이란에서 시위로 106명이 사망했다는 보도가 있었다. 이란 정부의 급작스러운 기름값 인상이 있었던 직후였다. 공동지식의 위험성을 아는 영리한 통치자라면 아마도 우회했을 것이다. 가격 인상 대신 버스의 배차 간격을 늘리고 보다 조악한 기름을 판매하는 식으로 말이다. 가난한 자들은 빼곡한 콩나물 시루 버스에서 고생하고 매연은 더 심해지겠지만 시위는 없다.

시작하는 연인, 재정위기의 정부만큼이나 법꾸라지도 공동지식의 원리를 꿰뚫고 있다. 다음을 상상해 보자. 특혜성 인허가 지시가 불법인 걸 자각하고 있는 영악한 수장은 에둘러 말했다. "좀 잘하자," "신경 좀 써줘," "널 믿는다"라며 집무실에서 심복의 손을 꼭 잡았을지도 모른다. 더 이상의 말은 없었다. 몇 년 후 법정에서 만난 부하 직원을 갑자기 끌어안는다. 이 모든 언행은 법적 책임이 뚜렷한 공동지식을 피하려는 영리한 간접화법이다.

말장난의 역사가 깊다. 셰익스피어의 헨리 4세는 말귀를 알아 먹음직한 누군가를 쳐다보면서 "나의 걱정을 덜어 줄 이가 없단 말인가?"라고 반복한다. 의도를 알아챈 눈치 빠른 출세주의자가 앞잡이로 나선다. 그는 폐위된 정적의 목을 왕에게 바친다. 그 자리에서 왕은 오히려 앞잡이의 악행을 꾸짖는다. 그래도 음흉한 미소는 숨기지 않는다. 스탈린이 대숙청을 예조프시나(비밀경찰의 수장 예조프의 범죄)로 불리도록 내버려 둔 사악함이기도 하다. 신념에 미친 자, 심약한 자, 어리석은 자, 기회주의자, 막무가내인 자 등을 헷갈리게 혹은 헷갈린 척 두기에 합당한 말장난이다. 스탈린의 잔인함에 대한 공동지식은 없다. 다들 속으로만 그를 저주한다.

법의 심판을 따돌리고 싶은 부패한 정치인과 인민의 적의를 피하고 싶은 잔악한 독재자만큼이나 나르시스트(이하 과잉자기애자로 번역)도 겉모습이 얼마나 중요한지 잘 알고 있다. 복도 천사이고 수업 천사이다. 잘 차려입고 손에 머그잔을 든 그는 연신 앞머리를 쓸어 올린다. 그는 복도나 수업에서 한없이 인자하다. 과거 학생이었던 비서는 조그마한 불편에도 큰소리치는 그에게 깜짝 놀란다. 주위 사람들은 여전히 칭찬 일색이다. 너무나 인자하고 부드러우신 우리 선생님이다. 주위에서 하하 호호이다. 이런 다수의 착각과 순진함 속에서 진실을 아는 비서는 입 닥치고 있다. 괜히 사회성 모자란 인물로 보이기 싫다.

이렇듯 속고 속이고 속는 척하는 사악함과 아둔함 속에서 누가 무엇을 잘못했는지, 그 사람이 얼마나 나쁜 인간인지를 판단하기가 어렵다.

문제는 좀 더 심각해진다. 옳고 그름의 가치가 집합적으로 헷갈린다. 정의란 무엇인가를 읽고 칸트의 도덕을 가르치는 어느 교사가 범죄를 저지른 정치인에게 열광한다.

앞뒤가 당당하게 다른 정치적 올바름이 각자도생을 만난다. 맞고 다니지 말라는 어머니의 다그침에 익숙한 대학생은 수업에서 질문하지 않는다. 타인의 무리 속에서 침묵과 무위로 드러나지 않음이 못된 뒷담화를 피하는 길임을 어릴 적부터 익힌 터이다.

이런 뒤죽박죽에서 어찌 상식적 규범을 사수하는 공동지식이 살아남을 수 있겠는가? 라이터 없냐는 중학생 무리에 어르신과 청년은 뒷걸음이다. 사회의 속수무책이다.

이상한 일임이 틀림없다. 리본과 깃발로 장식한 공감과 정의감이 천지사방이지만 교실과 거리에서는 무엇이 맞고 틀린 지 헷갈린다. 코로나 시절 마스크 쓰기는 세계 1등이었다. 조금만 비뚤어도 버스 기사의 불호령이었다. 그런데 킥보드, 자전거, 배달 오토바이가 인도와 산책길을 쌩쌩 달린다. 흉기로 변한 일인용 이동 수단은 결국 누군가의 갈비뼈에 금을 낸다. 아무도 위험한 질주를 참견하지 않는다. 참을 수 없는 헷갈림이다.

대신 말싸움, 법적 다툼에 능숙한 공감 능력 떨어지는 자가 공감의 이름으로 활개 친다.

다수의 다수에 대한 오해와 불신은 소시민의 일상적 무기력함을 넘어 민주주의를 흔든다. 검사의 법복과 판사의 망치는 믿음직한 민주주의의 방패가 아니다. 이것만은 용납하지 않는다는 시민 사이의 상호적 믿음(공동지식)과 단결만이 대리인인 정치인의 권력 남용을 처벌할 수 있다. 그런데 시민이 스스로 무장해제하고 있다. SNS의 시대 시민의 일부는 심판자가 아닌 감독의 지시를 철저히 따르는 팀의 선수로 참전한다. 그들은 이겨야 한다는 과한 욕심에 사실과 도덕을 자주 내팽개친다. 내 편인가 네 편인가에 온통 정신을 팔고 있다. 당연히 전체 시민들 사이의 합의는 모래성처럼 무너지고, 정치꾼의 갈라치기에 모두가 속수무책이다. 지켜야 할 선이 지워지고 있다.

결국 민주주의가 수상해지고 있다. 탄핵에 열광했던 시민당파는 지금까지 역대 대통령 혹은 그의 자식을 처벌해 왔던 법치를 독재로 낙인찍는다. 촛불의 유죄추정이 갑자기 극단적 무죄추정으로 탈바꿈한다. 다선 의원은 공약은 공약일 뿐이라며 오히려 시민을 나무란다. 무수한 거짓말에 당파가 환호성을 내지르고 수치심은 온데간데없다. 판결도 수상해진다. 대통령을 감옥에 보낸 경제공동체도 묵시적 청탁도 뒤집힌다. 아버지와 아들은 독립생계로 판단되고 직접이라는 단어로 영장 심사는 도배된다. 영장 심사도 아닌 2심이 실형을 선고하면서 피고인의 방어권을 판결한다. 불구속이다. 뒤죽박죽이다.

민주주의를 소생시킬 응급조치가 필요하다. 서로를 설득하려는 부질없는 토론보다 전국적인 의례로 표면적이나마 그럴싸한 합의를 신속하게 복원해야 한다. 화냥년의 역사적 선례가 좋은 본보기이다. 슬픈 여인네들이 홍제천에 몸을 담근다. 집단 목욕은 가련한 여인의 과거를 더 이상 문제 삼지 못함을 모두가 알도록 하는 공개적 의식이었다. 여전히 속으로 나무라는 황당무계한 남정네들이 있었겠지만 못나고 못된 속마음을 공공연히 떠들지 못하게 한 조치였다. 지금 우리도 청계천에라도 들어가 지켜야 하는 선이 무엇인지를 다시 한번 분명하게 그어야 한다. 극화 속에서 선을 잃어버린 시민은 조정에 실패한 집단이고 정치인의 갈라치기에 속수무책이기 때문이다. 정치인의 명명백백한 거짓말을 어느 편도 용납하지 않는다는 선서식도 좋다. 여기에 언론이 동참해 주기를 간절히 바란다. 민주주의를 복원하는 의식을 마치고 다 같이 "시민아 그 강을 건너지 말라(民無渡河歌)"는 노래를 부르자.

그래도 권불 5년의 대통령제가 동이불화(同而不和)의 화신인 당파의 폭주를 막아 세워 다행이다.

4. 열심히 생각하지 않는 죄: 내로남불의 인지심리학

한국 정치가 숨 막히는 막장이다. 학교에서 우리는 귀가 닳도록 목적이 수단을 정당화하면 안 된다고 배웠다. 그런데 이를 믿는 성인남녀가 과반에 미치지 못하는 모양새이다. 거짓말에 눈 깜짝하지 않는 정치인에 엄격하기는커녕 다수가 열광한다. 당파의 선한 목적을 실현하고 간악한 무리를 청산하기 위해 가시밭길의 영웅적 지도자가 잠시 거짓말을 했다는 무서운 정당화이다. 왜 이러는 걸까?

심리학이 파헤친 인간의 한심함과 어리석음에 답이 있다. 어중간하게 착한 인간의 사고가 뒤죽박죽이다. 내 마음 나도 모르는데 알고 있다고 착각할 뿐이다. 내면의 밑바닥까지 비추면 아몰랑이 보인다. 사이코패스가 아닌 너와 나는 여러 아름다운 추상적 가치를 당위적으로만 좋아할 뿐 제대로 실천하지 못하는 가련한 존재이다. 실천하지 못하면서 실천한다는 착각, 실천하는 척하는 위선과 거짓, 제대로 실천하고 있는지 신경도 쓰지 않는 편 가르기가 흔하디흔하다.

아몰랑의 대표 가치가 자유와 독립이다. 시지프스가 올리려는 바위 같다. 자유와 독립은 인간의 단단한 본성과 거리가 참 멀다. 자유와 독립을 칭송하는 입은 불타오르지만, 실천은 거의 없다. 반대의 모습이 판을 친다. SNS가 만든 초연결 세상에서 닥치고 추종이 자주 목격된다. 두루 사이좋지만 무분별한 일치를 경계하는 군자의 화이부동(和而不同)이 아니라 보편적 정의를 무시하는 파당의 동이불화(同而不和)이다. 잘잘못에 대한 독립적인 판단에 따른 편들기가 아니라 내편 네편의 막무가내 충성이다. 여기 어디에 자유와 독립이 보이는가?

흔들리지 않는 독립적 심사숙고는커녕 사소한 조작에 개인의 판단은 취약하기 그지없다. 한국인만의 결점이 아니다. 보편적이다. 같은 언어를 사용하는 인접한 두 선진 복지국가인 독일과 오스트리아에서 장기기증 동의 비율이 하늘과 땅 차이이다. 한때 독일 국민의 12%만이 동의했던 데 반해(지금도 큰 차이는 없다) 오스트리아에서는 거의 전부 동의했다. 뜻밖의 이른 죽음에 자기 신체의 일부를 어떻게 처리할지는 당연히 숙고의 대상처럼 보인다. 그런데 참으로 가볍게 판단하는 것으로 판명 났다. 기증에 (부)동의를 표하는 방식의 차이가 이유의 전부였다. 두 나라 시민 대다수가 서로 다른 초기 설정에 아무 생각 없이 순응한 것이었다. 이런 진단에 동의한 독일 보건부는 2020년 승인 추정(presumed consent) 제도를 건의했지만, 의회가 이를 거부했다.

주어진 설정에 무턱댄 순응은 중립적 태도가 생물학적으로 값비싸기 때문이다. 중립은 예와 아니오를 일일이 정해야 하는 귀찮은 태도이다. 사냥과 사냥 사이에 잠만 자는 사자처럼 인간의 뇌는 에너지 절약 차원에서 일단 긍정과 동의에서 판단을 시작한다. 종이 출석부처럼 말이다. 출석부의 초깃값은 출석이다. 불러도 대답이 없을 때만 사선으로 빗금을 그어 결석을 표시한다. 아무 표시가 없으면 출석이다. 교사의 실수로 이름이 불리지 않은 자는 출석으로 처리된다. 이와 달리 빈칸의 의미가 중립일 경우 출석과 결석을 모두 표시해야 한다. 그럼 종이 출석부는 금방 더러워진다. 이처럼 사고와 판단에서 '중립 기어'는 귀찮고 성가시다.

독립, 자유, 중립만 인간적으로 한심한 게 아니다. 정직 역시 그리 믿을만한 게 못 된다. 요리조리 포토샵으로 처리된 프로필 사진은 미리 알고 보지 않으면 누군지 알아보기 힘들 때가 종종 있다. 그런데 왜 거짓 같은 수고 대신 차은우 사진을 올리고, 본인이라고 우기지 않는가? 포토샵은 여전히 자신이 설정한 진실의 경계 내에 있고 배우의 사진은 경계를 분명히 벗어났기 때문이다. 살짝 더 잘생기고 동시에 정직한 사람이 될 수 있을 만큼 정직의 경계는 뚜렷한 선이 아니라 뿌연 회색 면이다. 거울에 비추어 바로 확인할 수 있는 자기 얼굴마저도 조물조물하는데 애매모호하고 복잡한 정치는 오죽하겠는가! 북한의 미사일 발사를 평화공세로 주물럭주물럭하는 이는 자신의 정직한 애국심을 믿어 의심치 않는다.

청년은 뜻밖의 장소에서 이상야릇한 정직함을 만났다. 낯선 나라의 모스크 앞에서 무언가를 떨어뜨린(2인 1조로 관광객 앞에서 물건을 고의로 흘리는 수법) 구두 닦는 이를 불러 세웠다. 고맙다며 그는 청년의 운동화에 구둣솔을 대려 했다. 고마운가 보다며 말리고 자리를 떠나려 하는데 손을 내밀었다. 처음부터 그냥 돈을 달라고 하지 않고 구두 닦는 시늉을 하는 머리 굴림이었다. '구걸도 협박도 아니다. 서비스를 제공했다. 나는 정직한 사람이다. 미안한 너는 돈을 주어야 한다.' 일석이조를 노린 영리한 계산이었다.

허약한 자유와 독립, 흔들리는 불편부당, 탄력적인 정직성, 중독된 정의감이 당파를 만나 폭발해버린다. 충만한 성인지 감수성을 뽐내며 국회에 입성한 운동가가 성범죄 피해 여성을 피해 호소인이라 모욕한다. 내로남불의 광풍이다. 위선이 사방 천지다.

특별히 관심받고 싶은 선동꾼은 SNS에서 정의를 열심히 떠든다. 그는 인간만이 가지는 정의(자신의 이해를 건드리지 않는 제삼자적 정의)에 대한 지대한 관심을 잘 알기 때문이다. 동물은 그냥 정의에 관심이 없다. 수컷 둘이서 이런저런 이유로 싸운다. 주위는 그냥 풀을 뜯고 있다. 편들기는 없다. 싸움 구경에 온정신을 빼앗겨 버리는 인간과 완전히 다른 모습이다. 인간은 틈만 나면 어느 쪽이 더 억울한지 따지고 주체할 수 없는 정의감에 오지랖을 부린다.

인간의 흐리멍덩한 정의감에 정통한 영리한 내로남불의 페이스북 스타는 매일매일 우리의 오지랖을 자극한다. 결국 부메랑이다. 그 역시 한심한 인간일 뿐이기 때문이다. 박적박(박씨의 적은 박씨)이다. 정의의 이름으로 세상을 단죄하여 인기를 얻은 자가 정의로웠던 자신의 발언에 조롱당한다.

그래도 이미 그에게 마음을 준 시민당파는 위선에 아랑곳하지 않는다. 그들의 든든한 후원 속에서 그도 당당하다. 이런 세상에서 이제 무엇이 맞고 무엇이 틀렸는지 지켜보는 관찰자는 헷갈린다. 당파의 뻔뻔하고 집요한 위선에 규범의 마지노선은 지워지고 공동체가 무너지는 소리가 요란하다.

정의롭다는 착각과 뻔뻔한 위선을 바로잡기에는 내로남불의 함정이 마음속 깊이 여기저기이다. 모순된 신념과 사고가 마음속 방마다 들어앉아 편안히 공존하고 있다. 예를 들어 옛날 모진 시어머니가 몇 달 전 시집간 딸이 겨울 찬물에 손을 담그고 있다는 생각에 마음이 괴롭다. 그때 밭일에 지친 며느리가 다리를 펴고 벽에 기대어 있다. 불호령이다. 시어머니의 마음은 며느리와 딸을 생각할 때 각각 다른 방문으로 입장한다. 자기 모순을 느낄 수 없는 까닭이다.

시어머니처럼 활동가의 마음에는 벽을 사이에 두고 동지와 적폐의 방이 따로따로이다. 『예수살렘의 아이히만』에서 한나 아렌트가 평결한 열심히 생각하지 않는 죄를 저지르기 딱 좋은 마음 상태이다. 동지를 대하는 무한한 관용과 적을 향한 불타는 적개심 사이의 벽이 높다. 여기에 내로남불을 부끄러워하는 양심이 발붙일 틈은 없다. 이 무서운 정신 상태는 견결한 당파성으로 격상된다. 당파성은 시민당파가 지켜야 할 최고의 덕목이 되어 버린다.

도덕의 위반에서 느끼는 양심의 가책이 아니라 발각된 위선에서 쏟아지는 수치심이 무서운 한국 문화 역시 내로남불의 모순을 쉽게 용인한다. 도덕은 오직 낯선 타인과 오랜 숙적에게만 철저히 적용된다. 면죄부 없이 친구와 타인 모두를 동등한 원칙으로 대하는 서구의 보편주의는 한국인 다수에게(MZ 세대를 제외) 부담스럽다. 그래서일까? 좁은 길을 친구와 손잡고 맞은 편 낯선 이를 막아서듯 걸어간다.

내부자와 외부자를 심하게 이중적으로 대하는 문화를 보여주는 실험이 있다. 10달러를 나누어 가지는 최후통첩 게임이다. 제안자는 돈을 마음대로 가를 수 있고 상대는 이를 받아들이거나 거부하는 양자택일밖에 없다. 만약 거부하면 둘 다 아무것도 가지지 못하고 끝난다. 경제학에 밝은 식자는 단돈 1달러라도 가지는 게 낫기에 실험 참가자가 부당한 제안을 거부하지 않을 것이라 예상한다. 그런데 상당수가 제안을 거부한다. 이 결과는 경제학의 합리성 가정을 뒤흔들어버린다. 이제 똑같은 게임을 서구 시민이 아닌 아마존 원주민에게 부탁한다. 그들 절대다수는 부당해 보이는 제안을 선뜻 받아들인다. 오지인들이 오히려 경제학적으로 합리적이다. 인류학자는 아마존의 자연인이 외부인의 차별적 대우에 익숙하기 때문이라고 설명한다.

인류학자가 심화 질문을 서구 및 비서구권 사람들에게 던진다. 죽마고우가 뺑소니했는데 네가 유일한 목격자이다. 피해자는 평생 장애를 안고 살아야 할 만큼 크게 다쳤다. 유죄로 입증되면 친구는 무거운 처벌을 받는다. 너는 법정에서 사실대로 증언할 텐가?

황순원의 단편 『학』과 미국 소설가 오 헨리의 『20년 후』는 질문의 답을 다르게 예상케 한다. 인민군 포로로 잡혀 온 친구를 놓아주는 치안대원 성삼과 20년 만에 만나는 자리에 동료를 보내 친구를 체포한 경찰관 지미는 보편 원칙을 대하는 두 가지 완전히 다른 문화를 상징한다.

인간적 친소관계를 외면하는 원칙의 보편적 적용은 높은 교육 수준의 산업화하고 부유한 민주주의인 서유럽과 북미(Western, Educated, Industrialized, Rich and Democratic)의 이상한(weird) 행동 준칙일 뿐이다. 전혀 전지구적이지 않다. 비서구 문화권에서 정의의 보편적 적용이 어렵다는 인류학자의 연구를 읽으면서 청년은 피해자를 피해 호소인으로 비아냥거리는 인권 운동가는 우리와 그들을 차별하는 문화적 거미줄에 걸린 평범한 인물임을 깨닫는다.

보고 싶은 것만 보고 마음 편히 속단하는 확증편향으로 내로남불은 더 심해진다. 사건과 관련이 전혀 없는 상대 후보가 "몸통"이라는 당당함에 시민당파는 열광한다. 차고 넘치는 증거는 여전히 차고 넘칠 뿐 시민당파의 합리적 의심을 넘어설 수 없다. 묵시적 청탁과 경제공동체로까지 낮아졌던 법적 잣대가 하늘 높이 올라가 버린다.

반대편을 향해서는 기정사실화의 말장난이다. 있지도 않은 술자리를 들이대며 술자리에 없었음을 증명하라는 꼴이다. 너는 집에 100킬로그램의 금괴가 없음을 증명할 수 있는가? 안방에도 거실에도 없다. 그러나 여전히 없음은 증명되지 않았다. 이런 식으로 근거 없는 믿음은 굳건하다.

확증편향의 신도는 술자리를 의심치 않는다. 수령의 나라에서 국가가 반역을 증명하는 대신 주민들이 충성심을 증명해야 하는 무서운 희극과 비슷하다.

확증편향이 악마의 편집을 만난다. 대정부 질의에서 국회의원은 지엽적이고 기술적인 문제를 묻는다. 국무위원은 당연히 답하지 못한다. 준비와 태도를 지적하는 호통이 뒤따른다. 시민당파는 이 부분만 따로 영상을 만들어 자기들끼리 돌려본다. 가소로운 정신 승리이다. 같은 식으로 문체부 소속 국회의원을 앉혀놓고 BTS 멤버의 이름을 하나하나 말해보라는 질문을 던져보라. 사람 하나 바보로 보이게 하는 건 누워서 떡 먹기다.

확증편향의 비틀기는 괴담에 생명력을 불어넣는다. 십여 가지 현상 중 지금의 과학이 설명할 수 없는 한두 가지만 찾으면 충분하다. 가설을 지지하는 8개의 현상에는 눈길도 주지 않는다. 천안함이 그렇다. 이도 저도 안 되면 터무니없는 정황 증거에 매달린다. 즉각적이고 대대적인 정부의 반격이 없었기에 북한의 소행이 아님을 한국 정부는 알고 있었다는 괴상한 소리이다. 성폭행당한 여성에게 네가 적극적으로 반항하지 않았기에 성폭행이 아니라는 과거의 무서운 논리와 어떤 차이가 있을까? 우리 군과 정부에 피해자다움을 요구하는 것이다.

결국 조악한 인과관계의 이야기만이 판친다. 기승전***이다. 자기 입맛에 맞는 걸 원인으로 하나 갖다 붙이면 끝이다. 북한의 도발이 있기 전 한국 정부의 확고한 반격 의지 발표가 있었다. 당파적 논객은 시간의 선후에 전적으로 매달려 정부의 대북 강경책이 북한 도발의 원인이라며 맹공격한다. 그렇게 맞은편을 분통 터뜨리게 하고 감정이 격해진 그를 조롱한다. 그래도 술값은 내지 않는다.

그럼 명명백백한 사실과 진리가 이 모든 쓸데없는 싸움을 일소할까? "진리가 너희를 자유롭게 하리라"는 가르침과 달리 시민당파는 더욱 고집스러워진다. 충성파는 진리의 바탕인 사실을 자유로움이 아니라 위협으로 느낀다. 진영의 시민은 지지 후보가 이상할수록 재빨리 투표장으로 달려간다. 변할 것 같은 마음을 미리 막아 나선 것이다. 돌아와 누워 일관적(당파적) 인물임을 스스로 자랑스러워한다.

그러므로 논쟁에서 설득을 기대하지 마라. 그 자리에서는 절대로 안 된다. 대통령 선거철 기억을 더듬어 보자. 다른 후보를 지지하는 지인을 설득해 본 적이 있는가? 쉽게 바뀌지 않는 마음이 몇 가지 있다. 어릴 적 응원하던 야구팀, 축구팀을 중년이 되어서도 계속 응원한다. 그만큼은 아니지만 지지하는 정당도 오래 간다.

원래 누군가의 바탕을 바꾼다는 게 쉽지 않다. 자식 교육을 상상하면 쉽게 이해된다. 대리석의 결을 따르는 조각처럼 부모는 아이의 심성과 기질이 드러날 수 있도록 도와줄 수 있을 뿐이다. 맹모삼천지교이다. 훌륭한 맹자의 어머니도 자식 교육을 자신의 설득과 솔선수범에 맡기지 않았다는 말이다. 대신 이사를 세 번이나 다니는 수고를 했다. 맹모의 자식 교육이 그러할진대, 당파적 지인의 밑바닥을 단번에 바꾸기는 불가능하다.

극화로 인해 설득과 화합은 고사하고 아집과 닥치고 충성의 내로남불의 광풍이다. 차라리 과거 지역주의 시절 3당 체제가 정의에 도움이 되었는지도 모르겠다. 정의가 아닌 지역으로 뭉친 정치균열의 역설이다. 지역주의가 다당제의 권력 분산을 조장했다. 권력의 분산은 정의의 이름으로 정치연합을 재구성할 수 있는 여지를 주었다. 지키고 싶은 자 혹은 역전하고 싶은 자는 타지의 유권자를 유인하기 위해 표면적이라도 정의로운 정책과 인사를 취할 수밖에 없었다. 이쪽저쪽이나 몰염치는 정치적으로 위험했다. 그래서 입시부정을 저지른 대통령의 오랜 오른팔이 가차 없이 날아갔는지도 모르겠다.

그런데 정치의 극화 속에서 이제 정당은 전체 파이를 키우는 대신 상대의 목을 치기 위해 자기 팔을 자르는 고육지책을 난사한다. 단순 다수의 양당제에서 정치는 정말로 배신이 항상 최고의 전략인 일회성 죄수의 딜레마 게임이 되어 버렸다. 서로 힘을 합쳐 나라의 어려운 문제를 해결하는 것이 한쪽의 정치적 계산에 맞지 않는다. 세상은 더 좋아질 테지만 다른 쪽이 더 많은 지지를 가져갈 것이기 때문이다.

그래서 나는 더 나은 현명함을 당파에 닦달하기보다 권력 분산을 조장하고 싶다. 경우의 수를 계산하는 조합의 원리를 원용해서 권력 분산이 어떻게 정의에 이바지하는지 살펴보자. 먼저 미국 4대 대통령 제임스 메디슨의 날카로운 관찰처럼 사적 이해에서 벗어난 제삼자는 부정의보다 정의를 사랑한다고 전제한다. 그럼 다수가 만들어지는 경우의 수가 많을수록 정의의 승리 연합이 탄생할 가능성이 커진다. 단순 다수의 경우만 계산, 비교해 보자. 다섯에서 셋을 뽑는 경우의 수(조합 공식 $_5C_3$에서 10가지)가 셋에서 둘을 뽑는 경우의 수($_3C_2$에서 3가지)보다 훨씬 많다. 정의의 승리 연합이 발생할 경우의 수가 권력이 다섯 조각으로 분산될 때 훨씬 많다고 결론 내릴 수 있다.

권력 분산의 거시 구조적 환경과 함께 사실의 곧은 막대로 비뚠 여론을 바로잡는 주체적 노력이 절실하다. 언론과 표현의 더 많은 자유만으로 진리를 쟁취할 것이라는 기대는 순진하다. 방향이 다른 두 잘못이 만나서, 서로를 교정하면서 올바른 답을 찾아갈 거라는 일차원적 자유주의는 다시 생각되어야 한다. 정치적 싸움에서 −1과 +1이 만나면 0이 아니다. 가짜 뉴스를 다른 가짜 뉴스로 다스릴 수 없다. 극화만 더 심해진다. (사실을) 공부하지 않으면 적폐가 된다고 공자는 경고한다. 사실에 대한 탐구가 없는 공감은 동감, 과장, 아우성이 된다. 이를 잠재우기 위해 사실을 정의감보다 우선시하는 차가운 머리가 필요하다. 그래야 정의도 민주주의도 지킬 수 있다.

그러나 지금은 내로남불이 부끄럽지 않은 당파의 시대, 민주주의가 위험하다. 다음에서 살펴본다.

5. 영화 『내부자들』은 틀렸다: 정치적 극화와 죄와 벌의 비대칭성

『죄와 벌』의 주인공 라스콜리니코프는 전당포 노파의 살인을 정당화하지 못하고 양심의 벌을 받아 매 순간 끔찍한 심적 고통을 받는다. 이와 정반대의 인물들이 한국 정치를 주무르고 있다. 그리고 소수의 시민은 이에 불편해하기는커녕 열광한다. 다수는 수수방관한다.

지금 한국 정치를 마음 졸이고 관찰하는 이의 눈에 영화 『내부자들』의 끝이 너무 비현실적이다. 과연 거짓과 부끄러운 짓이 들통난 현실의 정치인이 그냥 호텔에서 술만 마실까? 극화의 한국 민주주의에서 당파적 인기를 구가하는 정치인은 "조작이다, 함정이다, 면책특권이다" 등 잘못의 가짓수만큼이나 다양한 변명이나 말 돌리기로 당당히 맞설 것이다. 시민 당파는 그의 억울함을 토해낼 것이다. 이도 저도 안 되면 상대 진영에 더 나쁜 놈이 차고 넘친다(미국의 신조어 whataboutism과 같다)며 물 타버릴 것이다. 반대 목소리를 내는 자를 향한 고발도 순차적으로 이어질 것이다. 목탁이 아닌 선수로 변신한 언론이 부화뇌동할 것이다. 연예기획사를 닮아버린 정당은 개인사에 대해서는 입장을 내지 않는다는 방침을 언론사에 전달할 것이다. 엄청난 소음 속에서 다시 한번 어물쩍일 것이다. 특정 사실에 정통한 전문가는 자신이 논란거리로 전락할까 하는 걱정에 침묵할 것이다. 죄도 벌도 없을 것이다.

이런 시나리오가 비현실적이지 않다. 정치가 점점 더 미궁이다. 부당한 거래 혐의로 검찰 조사에 직면한 정치인이 갑자기 민족통일에 힘썼다는 귀국 일성이다. 미국 철학자는 이런 말장난을 헛소리(bullshit)로 규정한다. 거짓말은 그래도 사실을 염두에 둔 언행이나, 헛소리는 그냥 "아무 말 대잔치"이다. 설명은 아닐지라도 변명 정도는 기대한 시민은 어리둥절이다. 거의 모든 대통령 혹은 그의 자식을 처벌했던 나라인가 싶다. 고위직 인사에게는 구속의 기준마저 매우 엄격해지고 있다.

> 구속영장 실질심사 결과
>
> 결과: 기각
>
> 위증교사 혐의는 소명되는 것으로 보인다. … 상당한 의심이 들기는 하나 이에 관련 직접 증거 자체는 부족 … 이른다고 단정하기는 어렵다. … 현재까지 확보된 인적 물적 자료에 비추어 증거인멸의 염려가 있다고 보기는 어렵다. … 진술과 관련하여 … 부적절한 개입을 의심할 만한 정황들이 있기는 하나, 피의자가 직접적으로 개입하였다고 단정할 만한 자료는 부족한 점 … 공적 감시와 비판의 대상인 점 등을 감안할 때 증거인멸의 염려가 있다고 단정하기는 어렵다.

영장 기각문에서 확률과 확실성과 관련된 단어들이 곳곳에 나온다. "단정"이 세 번, "직접"이 두 번 나온다. 이 건에 대한 판사의 영장 발부 기준이 상당히 높다는 걸 보여준다. 단정한다는 건 한 치의 의심도 없는 확신을, 직접은 다른 어떤 해석도 어려울 정도로 분명하게 표현된 문서, 문자, 영상을 의미하는 듯하다.

기각문은 점점 더 재밌어진다. 위증교사는 소명되고 다른 한 건의 증거는 이미 확보되어 증거인멸의 염려가 없고 또 다른 건의 경우 증거가 부족해서 다툼의 여지가 있다. 뒤죽박죽의 모순이다. 마지막 문단은 더욱 놀랍다. 판사의 눈에는 오직 공적 감시와 비판만이 보이는가? 그는 지금 주요 언론과 똘똘 뭉친 시민당파, 다수당의 열광적인 지지와 보호를 받고 있다. 청년은 고개를 갸우뚱한다. 위증교사는 증거인멸의 부분집합이 아닌지? 모르겠다. 청년은 머리를 긁적인다.

직접이라는 단어 역시 수상하다. 대통령 탄핵과 법적 처벌의 근거로 묵시적 청탁이 한때 떠들썩했다. 그 묵시는 온데간데없어졌다. 묵시와 달리 "직접"이라는 단어는 유죄 판단의 기준이 매우 높음을 암시한다. 우두머리가 심복을 응시만 하거나 우회적 암시만을 늘어놓는다면 판사는 직접 지시의 부재로 판결할 수 있다.

대학 시절 청년은 법학전문대학원 준비생인 친구에게서 예측 가능성의 중요성을 귀에 못이 박히도록 들었다. 법원은 그런 청년을 한 번 더 어리둥절하게 했다. 2023년 고관대작 아들의 독립 생계 여부에 대한 1심 판결은 몇 년 전 사법부가 유행시킨 경제공동체라는 단어를 우습게 만들었다. 만약 1심 판결이 대법원까지 유지된다면 고위층은 자식이 싫다고 해도 꼭 시집, 장가를 보내야 한다. 이 모든 소동에 법의 기초는 관습이라 믿은 영국의 정치철학자 데이비드 흄이 지하에서 이건 뭐지 할 것만 같다.

당파의 시대 고위직 인사의 죄와 벌의 비대칭성은 갑질이나 욕설 한마디에 엄청난 돈벌이를 포기해야 하는 소위 공인의 처지에 너무 대비된다. 사소한 잘못에도 큰 벌을 받는 연예인의 체감곡선(오른쪽 그래프)과 달리 정치인의 죄와 벌의 관계는 체증곡선(왼쪽 그래프)이다. 웬만한 잘못에도 처벌의 수위가 올라가지 않는다. 어떻게 이 지경까지 왔을까?

죄와 벌의 비선형성

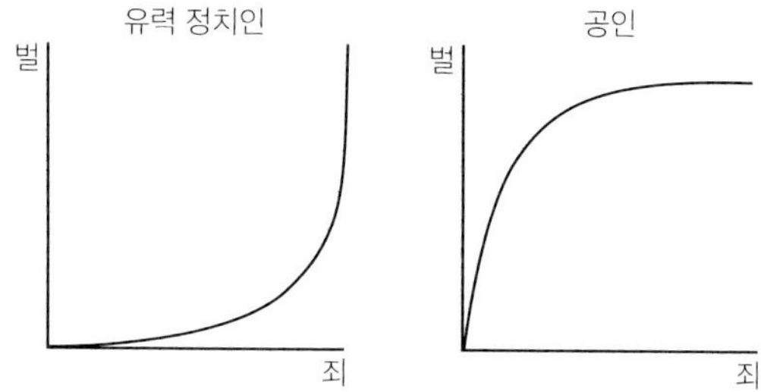

사실마저 가볍게 밟아 버리는 일부 시민의 충성심이 큰 이유 중 하나이다. 그들의 충성심은 유명한 양치기 우화를 비현실적으로 보이게 한다. "양치기 소년이 소리쳤다. 늑대가 나타났다. 주위 농부들이 작대기를 들고 몰려왔다. 소년의 심심풀이 장난이었다. 그렇게 한 번 더 당하고 난 뒤 세 번째 고함에는 꿈쩍하지 않았다." 두 번밖에 속지 않은 이야기 속 농부의 학습 능력을 믿기 어려운 지금의 상황이다. 거짓을 밥 먹듯 했던 이가 오늘도 떠든다. 여자친구와 남자친구 사이의 사적 대화 때문에 대통령은 와인 바에서 노래를 불러야만 했다. 이를 전파한 이는 여전히 엄청난 수의 좋아요, 구독, 후원금이다. 그들의 보도를 지지하는 댓글이 무수하다. 한두 번이 아니다. 가히 뻔뻔한 자의 전성시대이다.

그래도 늑대가 나타났다는 유튜버의 장난은 정치인의 이상한 말버릇에 버금가지 못한다. 단군 이래 최대 치적이고 자기가 설계했다고 하다가, 아랫사람이 했다고, 상대 후보가 몸통이라 말이 바뀐다. 자기는 사업자들로부터 공산당이라는 욕까지 먹었다고 힘주어 말한다. 말이야 바꿀 수도 있다 말할지 모르겠다.

사태는 점점 영화를 닮아 갔다. 계발사업의 민간 사업자와 언론인의 인터뷰가 주요 언론사를 통해 대선 직전 온 세상에 울려 퍼졌다. 상대 후보가 못된 놈에게 커피를 대접하고 천문학적 수익이 발생한 계발사업과

"근원적"으로 연결되었다는(사건의 기원을 어디까지로 거슬러 올라가야 하는지 등 인과성에 대한 철학적 고민을 낳는 주장) 비리 사건을 덮었다는 일방적 주장이었다. 민간 사업자가 언론인의 책 세 권을 엄청난 금액으로 구매했다는 사실이 대통령 선거 몇 년 후 만천하에 알려졌다. 그들의 대담한 행위에 소심한 청년은 놀라 자빠졌다.

법적 위기(정치적 위기는 아님)에 빠진 정치인은 이래저래 "다 모른다." 법적 처벌을 피할 길은 오로지 무능과 무지 밖에 없는 모양이다. 직권남용보다는 직무유기가 정치적으로 법적으로 더 안전하다는 걸 알고 있다. 행정의 달인이라 소문난 그인데 아랫사람이 자기 몰래 직인을 찍었다고 변호사는 웅변한다. 말도 수시로 바꾼다. 특권 포기를 멋지게 선언했다 결정적 순간 자신을 지켜달라 국민에게 호소한다. 판사는 위증교사의 혐의가 소명되었으므로 구속영장을 기각한다고 판단한다. 그의 지지자들은 열광한다. 민주화 이후 민주주의가 수상하다.

이 와중에 국회의원들은 공약은 공약일 뿐이라고 자신 있게 떠든다. 몇 년 전 언론인과의 사적 술자리 대화에서 국민을 동물에 비유했던 고위직 공무원은 몰락의 문턱까지 갔다 왔다. 그런데 누가 더 국민을 동물로 생각하는지 궁금해지는 대목이다. 얼굴도 모른다고 언론에 진술한 국회의원은 전화 통화 사실이 들통나도 변명이 없다. 화상통화가 아니라 얼굴은 여전히 모르기 때문이다. 외국의 사건 하나가 연상된다. 어느 나라 청춘이 잠자리 전 상대에게 묻는다. "혹시 AIDS인가?" HIV 양성의 상대는 아니라고 답한다. 보균자일 뿐이라 거짓말은 아니라는 식이다.

뻔뻔한 정치인이 정치적 사건의 복잡성과 불확실성을 남용하는 건 어제오늘도 아니고, 동서양도 가리지 않는다. 참전 후 얼마 지나지 않아 미국 정부는 베트남에서 이길 수 없음을 실감했다. 그러나 재빠른 철군은 없었다. 오히려 깜깜한 밀림의 질퍽한 늪으로 더 많은 젊은이를 보냈다.

본전 생각에 남은 판돈마저 다 걸어버리는 마음을 닮았다.

이런 위험천만한 도박을 미국은 다시 반복했다. 알카에다에 훈련 장소와 은신처 등을 제공한 탈레반을 몰아낸 미국은 왜 소련이 아프가니스탄에서 실패할 수밖에 없었는지 이내 깨달았다. 하지만 십 년 가까이 더 머물렀다. 왜냐하면 참전과 점령을 그만두고 군을 철수시키면 대통령과 집권당은 더 이상 결과의 불확실성을 가지고 정치놀음을 할 수 없기 때문이다. 대외정책의 거대한 실패임을 부정할 수 없게 된다. 계속된 전투와 주둔은 매몰 비용의 오류와 함께 눈속임에 가까운 도박이다. 겉모습밖에 볼 수 없는 유권자의 눈에는 여전히 승산이 상당해 보인다.

신문 기사 속 정치인도 마찬가지이다. 의도의 법적 불확실성을 남기고 싶은 두꺼운 얼굴의 정치인은 행동거지에서도 교묘하다. 그냥 꾹 찌인으면 충분하다. 못 알아챈 수하는 해고하면 그뿐이다. 눈치 빠른 아랫사람은 종종걸음으로 물러난다. 사귀고 싶은 상대에게 라면 먹고 갈래라는 식이다.

시민사회의 극화는 이런 말장난으로 인기 높은 정치인이 법적 처벌을 면할 수 있다는 사회적 분위기를 형성한다. 사실이 아닌 승패에만 정신이 팔린 시민당파 덕분에 시민의 대리인인 정치인에게만 합리적 의심의 높이가 하늘을 찌른다. 그렇게 높아진 법적 장애물 아래로 고위 인사는 당당히 걸어서 빠져나갈 것이다.

법만이 아니다. 시민당파의 열광적 지지를 등에 업은 정치인의 교묘한 말장난에 국어도 이상해지고 있다. 사과문에는 항상 걱정을 끼쳐 유감일 뿐이다. 행위에 대한 가타부타는 없다. 걱정한 시민이 잘못한 것처럼 들린다. 존경한다고 말하니 "진짜 존경하는 줄 알더라"라는 말의 유희에 말을 문자 그대로 해석한 사람이 조롱당한다. 곤란한 기자의 질문에 대답은 하지 않고 반대편의 인물을 되묻는다. 이미 밝혀진 불편한 사실을 다른 사람을 호명해 덮어 버린다. 극화된 정치판의 보편적 행태이다.

정치인의 지치질 모르는 승부욕은 수하의 충성심 덕에 빛을 발한다. 수하는 혼자 다 뒤집어쓰겠다며 지시, 보고, 언급을 전적으로 부정한다. 얼핏 의리처럼 보인다. 잊지 마라. 정 많고 순수한 이는 이미 정치판에서 도태당했다. 야심에 찬 정치인을 따라다니는 핵심 인사 역시 만만하지 않은 야심가이다. 그런 수하는 윗선의 범죄 혐의를 끝까지 부인한다. 시민당파의 닥치고 충성보다는 장사꾼의 차가운 계산에 가깝다.

그의 무리수를 설명하기 위해 나는 행동경제학으로 고통 체감의 가설을 만들어 본다. 형량이 늘어나도 심적 고통은 비례하지 않고 체감한다는 가정이다. 그래프를 보면서 그의 계산을 따라가 보자.

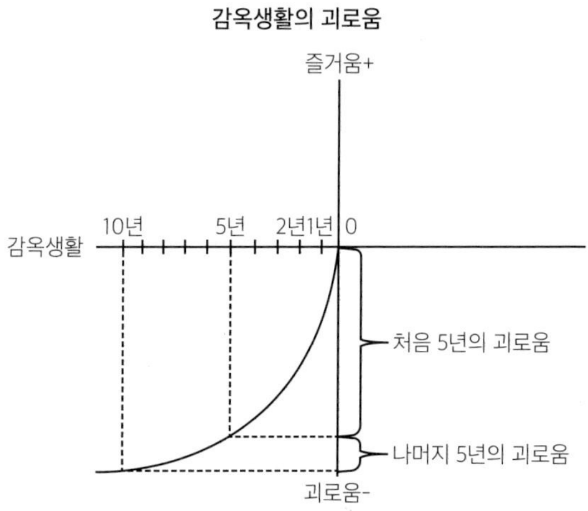

처음 5년의 감옥생활이 상당히 괴로운 그이지만 더해지는 5년은 지금 마음에 큰 악영향을 미치지 않는다. 5년을 더 받고 혐의를 혼자 다 뒤집어쓴다면 1 인자를 법적으로 보호할 수도 있다. 그리고 1 인자가 다음 대선에서 승리한다면 사면도 받고 표나지 않는 좋은 자리도 얻어 만사형통이다. 아주 희박한 가능성이지만 크게 부풀어 보인다. 희망이 경험을 압도하는 법이니 말이다. 결국 혼자 뒤집어쓰기는 궁박한 수하의 부활을 위한 도박이다. 마지막 남은 판돈을 부어 버리는 노름꾼의 마음이다. 위험 감수이다.

그런데 기적이 일어나도 사면 대신 인연을 완전히 끊어 버리는 토사구팽이 기다릴지 모른다. 그렇게 정치인은 꼬리를 깨끗이 도려내 버릴 수 있다. 보편적 정의를 지킬 시민이 부족한 민주주의에서 정치란 그런 것이니 말이다.

과거 뇌물수수 등 유명 정치인 관련 재판에서 알 수 있듯이 이런저런 시도가 실패하고 최종 유죄 판결이 나와도 변하는 건 없을 것이다. 당파의 우두머리는 자신의 법적 잘못을 계속 부정할 것이다. 단순 무식한 오리발이 원래 훌륭한 속임수인 법이다. 너무나 뻔한 속임수가 먹히는 삼십육계의 만천과해(瞞天過海)이다. 자신의 거짓말과 막말을 꾸짖는 비판에 천박하다는 적반하장을 빼놓지 않을 것이다. 시민당파는 안타까운 마음에 가시밭길 위의 선지자라 울부짖을 것이다. 무심한 관찰자에게 효과 만점일 것이다. 관찰 대상의 뻔뻔한 오리발 근처를 뱅뱅 도는 정박효과(anchoring effect)의 포로가 된 순진한 마음은 흔들릴 것이다. 직권남용이 아니라 기껏 바빠서 실수한 직무유기로 죄질을 낮추어 판단할 것이다. 질려버린 나머지는 소리죽일 것이다.

극화가 조장하는 만연한 헷갈림을 배경으로 우두머리의 총애를 위한 충성경쟁의 소음은 잦아들지 않는다. 시민당파의 후원도 받고 임명권자의 눈에 들려는 선동꾼의 헛소리 경쟁이다. 선생님의 주목을 얻기 위해 발꿈치를 올린 까치발로 저요! 저요! 손드는 아이들을 닮았다. 손실에 책임지지 않고 발생한 이익에 커다란 수수료를 챙기는 투자 대리인의 과도한 위험 감수를 닮았다. 맞으면 대박이고 틀리면 나 몰라이다.

차고 넘치는 증거가 합리적 의심의 수준을 넘어야 하는 무죄추정의 원칙, 실낱같은 희망의 끈을 놓지 않는 옥중의 수하, 머리가 깨져도 무죄라는 시민당파, 숙련된 정치인의 계속된 승부수를 지켜보는 맨정신이 힘들다. 공정과 정의를 부르짖는 정치인의 후안무치와 사실을 박살 내 버리는 당파의 천재적 댓글에 청년은 솔직히 기가 죽는다. 때때로 맨살을 내리치는 회초리 같은 양심과 타인의 눈총에 물 밖의 물고기처럼 파닥거리는 수치심으로 힘든 자신이 원망스럽다. 못된 놈의 전성시대에 여기저기 이런 좌절감이 속절없다.

사실 동서양을 막론하고 정치인은 유별난 집단이긴 하다. 말 바꿈과 태세 전환에 능수능란하다. 가진 것에 만족하지 않고 더 가지고 싶은 욕심에 그침이 없다. 극대화자이다. "많이 묵었다 … 고마해라"가 통하지 않는 인물이다. 정치인에게 물어보라. 100억대의 부자인 네가 전 재산을 걸고 빌 게이츠와 포커 게임을 벌이겠는가? 하겠다는 정치인을 드물지 않게 만날 수 있다.

이에 반해 절대다수는 많이 먹으면 그만 멈추는 만족자이다. 거듭된 운에 불안해진 운수 좋은 인력거꾼의 마음이 그렇다.

이미 마키아벨리는 만족자와 극대화자를 구분해 꿰뚫어 보았다. 한때 청년은 군주론에서 인민은 괴롭히지만 않으면 족하나 귀족을 만족시키기는 어렵다고 말한 대목이 궁금했다. 인민을 얕잡아 보는 듯해 의아했다. 행동경제학이 밝히고 있는 극대화자와 만족자의 구분이 마키아벨리의 혜안을 깨닫게 한다. 현대판 귀족인 정치인은 만족하고 멈출 줄 모른다. 극대화자이다. 어느 정도의 지위에 만족하고 멈추는 대신 호시탐탐 더 많은 권력을 탐한다. 독차지해야 제맛인 권력을 다투는 정치의 생리이기도 하다. 적당히 멈추고 방심하면 누군가 등 뒤에 칼을 꽂는다. 착한 이라도 못된 척 행동해야 하는 정치판이다.

그런데 시민당파의 전성시대인 지금 인민마저 만족하고 멈추지 않는다. 노나라 애공왕이 "어떻게 하면 백성들이 복종하겠습니까?"라고 묻는다. 이에 공자는 "곧고 올바른 사람을 구부러진 사람 위에 놓으면 백성들은 복종하지만 반대로 부정직한 사람을 정직한 사람 위에 놓으면 백성들은 복종하지 않습니다"라고 답한다. 슬프게도 이 대답이 지금 시대 타당해 보이지 않는다. 이제 시민은 위정자의 올바름을 심판하는 수동적 투표자를 넘어 감독의 지시에 복종하는 팀의 일원으로 정치에 참전한다. 무자비한 압승을 원하는 그들은 바른 다스림이 아니라 승리를 위한 거짓의 독설에 열광한다.

여기에 정의가 비집고 들어올 틈이 없다. 정의는 인상파 그림처럼 적당히 거리를 두고 감상해야 제대로 보인다. 그런데 화면에 고를 박은 시청자처럼 시민당파는 정치에 바짝 붙어 앉아 있다. 한 손에 정의라는 이름의 칼을 든 체 말이다. 그 칼로 흠결이 있는 반대편 인사의 인격 살인은 여사이다. 그러다 자기편의 치부가 너무 더러우면 털어 먼지가 안 나는 사람이 어디 있냐는 식이다. 나무를 애써 외면하고 숲만 보는 식이다. 그렇지 않은데 그럴 것이라는 소망은 그래야만 한다는 우격다짐이 되어 버린다.

나머지는 그래야만 한다는 당파의 소리 지름에 주눅이다. 왕에 대항해 정치적 자유를 주창한 중세 귀족도 종교와 양심의 자유를 위한 오랜 투쟁의 역사도 없었던 비서구(비자유주의) 사회의 일원인 한국에서 개인은 집단의 공격에 꽤 취약하다. 사실과 전문지식에 기초한 원자력 전문가의 답변이 마음에 들지 않는 청취자들이 누군지 뒷조사 한번 해야겠다는 댓글을 단다. 전체주의의 냄새가 진동한다. 서울시장 선거에서 누군가 시장 후보가 오래전 신은 신발을 기억한다고 진술했다. 7일 전 아침에 먹은 음식의 종류가 기억나지 않는 청년은 갸우뚱한다. 누구도 그런 세세한 정보를 십 년 이상 생생하게 저장하지 못한다. 그냥 기억 전문가 사이의 상식이다. 그런데 인지과학자 누구도 방송에 보이지 않는다. 방패막이가 되어야 할 과학과 사실은 골방을 벗어나지 못한다.

이렇듯 과학을 윽박지르고 선택적 정의를 부끄러워하지 않는 당파의 행태는 불행히도 편협함을 조장하는 정치 논리에서는 타당하다. 싸움꾼에게 정치는 누가 더 나은지를 다투는 기술 경쟁이 아니다. 오히려 잘못 배치된 영문 자판을 지금껏 사용하는 이치와 맞닿아 있다. 정치에서는 일단 악화가 양화를 구축하고 나면 양화는 재등장의 기회를 얻지 못한다. 결국 역사의 심판은 없다. 역사의 법정에서 승리할 거라는 패자의 부르짖음은 허망한 자기 위로일 뿐이다. 도덕도 정의도 아닌 세가 더 큰 세를 불러오기에 금메달에 목마른 선수로 변신한 시민당파는 뭉치기에만 힘을 쏟는다. 자신들의 명명백백한 내로남불은 안중에도 없다.

그런 당파가 몇 번의 불행한 우연(경쟁자의 사망 등) 끝에 어떤 인물 주위로 모이면 그때부터 자동 반응이다. 세는 눈덩이처럼 불어난다. 균형잡기가 아니라 쏠림이다. 권력의 독점이다. "대가리가 깨져도" 홍길동이라 소리치는 무리의 틈바구니에서 올곧은 인물은 오래전 도태되었다. 아니면 스스로 은신했다.

여기에 언론마저 감시자가 아니라 선수로 등판한다. 2023년 대통령의 발언에 대한 듣기평가가 있었다. 우리의 감각이 얼마나 쉽게 조작당하는지 모른 채 대논쟁이 벌어졌다. 입맛이 까다로운 네가 눈을 감고 코카콜라와 펩시콜라 혹은 처음처럼과 참이슬을 구별할 수 있을까? 술꾼은 콜라는 몰라도 소주는 구별할 수 있다고 장담한다. 한 번 해보시라. 천문학적 비용의 미국 미식축구 결승전 광고에서 생중계된 무작위 맥주 시음 실험(타 회사 제품을 좋아한다는 눈 가린 소비자가 과연 자회사 맥주를 선호할 것인가?)은 광고주의 예측대로 결국 동전 던지기로 판명 났다. 혀만큼이나 귀도 믿을

게 못 된다. 시대의 명곡 〈Stairway to Heaven〉을 거꾸로 들으면 악마의 소리가 들리는가? 사실 들린다. 무엇이 들린다고 기대하는 이상 그것을 듣지 않기가 어렵다. 패턴 인식을 막을 수 없다. 눈도 마찬가지이다. 누군가 미리 알려주면 돌과 바위의 굴곡에서 얼굴 모습을 보지 않기가 불가능하다. 이 모두가 그냥 인지과학의 상식이다. 그러므로 진위를 떠나 화면에 자막을 달면 반칙이다.

화이부동을 배격한 동이불화의 당파 덕분에 이념 사회도 아닌데 선동이 일상이 되어 버렸다. 여기저기 순진하고 어리석은 마음을 헤집고 들어온다. 정치는 사실이 아닌 인식의 다툼이라는 언명이 실감 나는 현실이다.

여기에 점쟁이마저 자의 반 타의 반으로 동원된다. 선동꾼은 누군가의 사주를 점쟁이에게 내민다. 그럼 그는 참 사나운 팔자라며 귀에 쏙쏙 박히는 입담을 풀어낸다. 이는 유의미한 결과가 나올 때까지 통계를 돌리는 과학계의 위험한 관행과 닮았다. 화살을 미리 쏘고 과녁을 나중에 그려 넣는 사기꾼을 알고 있는 청년은 선동꾼이 얼마나 많은 점쟁이에게 사주를 들이밀었을지 궁금하다. 짜고 치지 않았다면 말이다. 보이는 것이 전부라 믿는 우리의 어리석음을 악용하는 사악한 의도가 가소롭다. 그래도 듣는 재미가 쏠쏠하다. 그래서 위험하다.

일차원적 자유주의가 선동의 무지막지함을 변명한다. 보이지 않는 손에 의해 공공선이 달성될 것이라는 변론이다. 경쟁적 선전 선동 속에서 시민들은 더 많은 정보에 접근할 수 있다는 순진한 기대를 피력한다.

인간의 마음이 어떻게 작동하는지 모르고 하는 소리이다. 한번 살풋 돌아선 마음은 원상 복구가 되지 않는다. 그래서 명예훼손이 무서운 법이다. 선동의 공격 대상이었던 천사는 악마가 아니라고 판명 났지만, 여전히 몹쓸 인간으로 남는다. 정박효과이다.

선동을 일삼고 이에 동조하는 당파적 시민이 인간적으로 이해는 간다. 사실 자유와 독립은 인간적인 습성에 쉽게 부합하는 가치가 아니다. 자유와 독립을 밥 먹듯 입에 올리지만 대다수에게는 동이불화가 화이부동보다 훨씬 편하다. 자유는 결국 헤어짐이고 고립이다. 또래 친구들과의 술자리가 불편해지는 독립적인 생각을 하고 싶지 않다.

시민당파는 외로운 자유 대신 연대라는 미명으로 똘똘 뭉쳐 연예인이라면 몇 번이고 당장 퇴출당할 여러 잘못을 저지른 정치인을 지치지 않고 함께 지지한다. 묻고 싶다. 유력 정치인이 되기 전 그의 잘못을 알았어도 이렇게 쫓아다니겠는가? 면접에 5분 늦은 지원자는 여지없이 탈락시키는 회사가 정직원의 태만은 오래오래 참아주는 이유 때문인지도 모르겠다. 이런저런 연속적 우연 끝에 시민당파는 특정인에게 마음을 주어 버렸다. 이제부터 엄청난 자기 정당화가 몰아친다. 돌아올 수 없는 강을 건너버린 듯 닥치고, 직진이다.

그러나 인생살이에서 돌이킬 수 없는 선택은 몇 개 안 된다. 정치인을 지지하는 것은 그중에 속하지 않아야 한다. 좀 뻔뻔하게 마음을 바꾸어야 한다. 마음 바꾸는 게 부끄러운 일이 아니다. 정치인은 말만 잘 바꾼다. 그래도 전혀 부끄러워하지 않는다. 보기 좋았던 말을 보기 좋게 뒤집는 정치인에 맞서기 위해 우리는 새로운 증거 앞에서 틀린 판단을 보기 좋게 뒤집어야 한다. 그래서 일관성의 함정을 파고드는 정치인의 고약한 계획을 파탄 내어야 한다.

III

쉬운 역사의 진보는 없다

01

슈피스타의 라라랜드:
사람 잡는 승자독식

02

위기를 위기라고 말할 수 없는 홍길동 정부:
파국은 어떻게 오는가?

03

그들은 왜 교통사고 반대 시위를 하지 않을까?:
선택적 울부짖음

04

정류장의 수는 늘어날 뿐이다:
반(反)개혁의 정치학

05

사회적 약자를 보호하는 기술:
스포츠에서 배우다

Ⅲ. 쉬운 역사의 진보는 없다

1. 슈퍼스타의 라라랜드: 사람 잡는 승자독식

세계화의 그림자 아래에서 분배의 균형을 파괴하는 기술이 무섭게 성장하고 있다. 교통과 통신의 비약적 발전이다. 결국 승자독식이다. 소수의 너무 큰 성공과 다수의 감당하기 힘든 곤란이다. 아이돌, 일타강사의 세상이다. 인터넷이 만든 세상이다.

최근 카카오 회사가 기술상의 오류로 이용자를 난처하게도 하고 각종 수수료를 챙겨 시민의 원성을 사기도 했다. 그렇지만 카카오톡은 끄떡없다. 소비자가 너그럽기 때문인가? 쉽게 잊어버리기 때문인가? 아니다. 불가피한 자연스러운 독점으로 대안이 부재하기 때문이다.

카카오톡이 독점을 지키는 힘은 자기 지속적이다. 정부나 기업이 은밀히 세운 인위적 장벽이 아니다. 소비자들이 합심해서 독점을 만들어 준 것이다. 너는 카카오톡을 왜 사용하는가? 약간은 당황스러운 질문이다. 왜냐하면 답이 너무 당연해 보이기 때문이다. 모두 사용하니까 사용하는데 말이다. 모두의 선택이 모이면서 카카오톡의 독점이다. 그리고 독점은 상당히 안정적이고 지속적이다. 카카오톡을 다른 웹 메신저 서비스가 대체하기 위해서는 많은 이용자가 같이 때를 맞추어 함께 이동해야 한다. 이는 매우 어렵다.

카카오톡처럼 이익을 얻거나 손해를 피하려고 다수의 선택에 자신의 선택을 맞추는 적극적 묵시적 동조가 조정이다. 쉬운 예가 교통질서이다. 모든 차량이 우측 통행이면 나도 우측이고 좌측 통행이면 좌측이다. 일방적으로 다른 쪽을 택한다면 교통사고이다.

북한에서는 조정의 이해가 더욱 강력하다. 용감하게 장성택을 따르면 고사포 처형이다. 모두의 우렁찬 만세에 맞추어 모두가 김정은 수령 만세이다. 목숨을 보전하기 위해 자신의 호불호는 흐트러짐 없이 무시해야 한다. 다수를 따라 철저히 조정해야 하기에 모두 다 속으로 김정은을 싫어해도 겉으로 변하는 것은 전혀 없다. 그렇게 모두는 거짓의 한가지 선택에 오래도록 머무른다.

우리가 영어를 배울 수밖에 없는 이유도 조정이다. 다수가 사용하는 언어를 사용해야 더 많은 이들과 소통하고 비즈니스를 할 수 있다. 영어가 언어적으로 우수한 속성이 있는지는 아무 상관이 없다. 세계인들이 영어로 의사소통하기 때문에 우리도 영어를 사용해야 할 뿐이다. 오직 조정하고 싶은 이해이다. 그래서 싫든 좋든 영어를 공부해야 한다.

그런데 대박 음식 가게 밖의 긴 줄은 조정이 아니다. 사회적 학습이다. 톡 사용자와 영어 사용자가 바라는 연결과 소통이 이니다. 다수가 갈 때는 그만한 이유가 있을 거라는 어림짐작에 음식점 문밖으로 삐져나온 줄은 계속 길어진다. 정보의 불확실성을 다수의 힘으로 해소한 결과이다. 사회적 학습이며 또 다른 승자독식의 이유이다.

주위의 다른 가게에 현수막이 붙었다. "우리도 좀 팔아 봅시다. 바리

스타가 놀고 있습니다." 주인장의 다급한 마음이 느껴진다. 소소한 동정심에 기대려는 마음일 것이다. 주인장의 인간에 대한 너무나 순박한 생각이 느껴진다. 약자를 동정하고 가끔 적선하고 기부하는 청년이지만 제한된 소화 능력의 그는 지금 조금 더 나은 식사를 즐기고 싶은 마음뿐이다. "나도 좀 팔아 봅시다" 대신 "바빠 죽겠으니 나중에 오소"가 훨씬 유혹적인 마케팅이다. 소위 사회적 증거를 이용한 설득이다.

그래도 맛집의 사회적 증거는 카카오톡과 영어가 만드는 조정의 쓰나미에 턱도 없다. 너무 길어진 맛집을 포기하는 청년이지만 사용자로 북적이는 카카오톡은 포기할 수 없다. 오히려 사용자가 많을수록 더 매력적이다. 한계효용이 체증한다. 그러므로 한창때 톡 사용자 수의 변화는 접선의 기울기가 갈수록 가팔라지는 체증 곡선이었을 것이다. 결국 전체 인구가 사용자의 총수를 제한할 뿐이다. 영어 구사자의 수도 그렇게 변한다. 결국 카카오톡이나 영어는 완전한 독점을 누린다.

그래서 초반전이 중요하다. 다양한 웹서비스와 언어가 각축을 벌이는 초반전에 승기를 잡은 쪽이 그냥 다 가진다. 초장 끗발이 개끗발이 아니다. 한쪽으로 기울어지면서 쏠림이 일어난다. 승자독식이다. 거대한 불평등이다.

승자독식의 조정에서 처음부터 정해진 필연의 승자는 없다. 몇 가지 우연이 겹치면서 돌이킬 수 없는 순차적 조정이 일어난다. 싸움으로 비유하면 우연한 이유로 첫판을 이기면 다음번 대결에서도 이길 확률이 올라간다. 그리고 몇 번의 대결에서 연속해서 승리하고 나면 독점으로 가는 길은 오솔길을 벗어나 탄탄대로이다. 더는 돌이킬 수 없다. 잡은 상대의 말을 자기 것으로 쓰는 일본 장기처럼 잇단 승전보에 다른 쪽 소비자, 지지자, 충성파마저 넘어와 대세에 합류한다. 경쟁자는 이제 자포자기이다.

점점 더 뚜렷해지고 넓어지는 승자독식의 길은 동전 던지기의 반대이다. 동전 던지기의 특징을 잠시 살펴보자. 한 번 시행에 46번의 동전 던지기를 100회 시행하자. 각각의 시행에서 나온 앞면의 총수를 2차원 평면 위에 표시한 점들은 종 모양의 정규분포를 보인다. 사건(동전 던지기)과 사건(동전 던지기) 사이의 독립성은 모든 걸 엇비슷하게 만들어버리기 때문이다. 앞면이 아주 많이 나오거나 아주 적게 나온 경우는 극히 드물다.

동전 던지기와 달리 다수의 선택에 자신의 선택을 일치시키는 조정은 경로의존을 낳는다. 독립성에 정반대인 종속성이 작동하기 때문이다. 과거의 선택이 현재를 제약해 한쪽으로 결과를 몰아간다. 꼬리에 꼬리를 무는 선택에서 역전승은 없다. 한쪽의 대박은 다른 쪽의 쪽박이다. 시간은 승자의 편일 뿐이다.

한 가지 분명히 하고 싶다. 현재가 과거에 영향을 받는다고 다 경로의존인 건 아니다. 많은 경우 균형을 찾아간다. 가던 길을 계속 가는 대신 살짝살짝 방향을 틀어 과거의 과도함을 교정한다. 그렇게 마시는 소주의 양과 책상 앞의 공부 시간은 매달 일정하다.

균형과 달리 사소한 우연이 운명적 필연이 되는 경로의존은 엄청난 불평등이다. 극소수의 빛나는 승자와 쓸쓸히 퇴장한 압도적 다수의 패자이다.

경론의존의 많은 예들이 슬프다. 연예인은 몇 번의 우연으로 인생이 극과 극이다. 춤 잘 추고 노래 잘 부르는 얼굴 잘생기고 키 큰 이들은 자리에 비해 참 많다. 이들의 예능감을 뚜렷이 구분할 객관적 기준이 있을 리 만무하다. 그래도 누군가 슈퍼스타의 성공에 대해 이런저런 일차원적인 설명을 내놓을지 모른다. 성공한 연예인 한 명을 사례로 삼아 그의 특징과 성공을 연결한다. 이런 허무맹랑한 주장은 재기발랄하고 매력 넘치는 실패자를 보지 못했기 때문이다. 그는 우리의 눈앞에서 사라졌을 뿐이다. 누가 스타가 될지는 누가 우연히 제때 피디와 감독의 눈에 들었는지에 크게 좌우된다. 우연이 만든 인기가 더 큰 인기를 불러오면서 수많은 지망생 중 소수만이 거듭된 성공을 누린다. 절대다수는 소소한 성공과 실패를 불규칙적으로 반복하다 슈퍼스타의 그림자 저편으로 사라진다.

일타강사 역시 패자의 산더미 위에 거대한 부를 쌓는다. 커다란 고정비용을 들여 시작한 인터넷 강의에서 한계생산비는 매우 저렴하다. 비슷한 쉬운 예로 광화문의 이순신 동상 같은 공공재를 들 수 있다. 동상이 세워지고 나면 새로운 구경꾼에게 추가로 들어가는 공급 비용은 없다. 동상처럼 인터넷 강의에서 시스템과 동영상 강의가 준비되면 늘어나는 수강생에게 들어가는 추가 비용, 경제학적으로 표현하여 한계강의비용은 없다. 수강생 개인 역시 늘어나는 수에 불편함이 없다. 몇몇 일타로 수십만 수험생이 몽땅 몰린다.

수험생처럼 대중은 빠르게 잊힐 1등 노래를 쫓아 듣기에도 바쁘다. 그나마 소수의 음악 애호가가 대중과 구별되는 정체성을 뽐내고 싶은 욕심에 인디밴드의 노래만 열심히 듣는다. 피아노 전공자 누구도 모차르트를 최애 작곡가로 꼽지 않듯 말이다.

스포츠팬도 최고의 리그만 시청한다. 핸드폰으로 전 세계와 소통하는 세상이기에 K-리그가 아니라 영국 프로 축구 리그에 열광한다. 늘어난 시청자, 티셔츠 판매, 다국적 기업의 광고로 세계적 스포츠 스타는 천문학적인 돈을 번다. 한국 프로야구의 흥행이 예외적이다. 연구해 볼 가치가 있다.

영화 라라랜드가 승자독식의 슈퍼스타가 탄생하는 과정과 조건을 서사적으로 보여준다. 배우로 성공을 꿈꾸는 미아(엠마 스톤 분)는 커피숍 아르바이트 틈틈이 오디션에 지원한다. 재주 있고 아름다운 그녀지만 번번이 낙방이다. 모든 걸 포기하고 고향으로 돌아간 그녀를 방금 헤어진 전 남자친구가 찾아 나선다. 뜻하지 않은 우연 때문이다. 참패로 끝난 그녀의 일인극의 몇 안 되는 관객 중에 영화 제작자가 포함되었다. 그의 눈에 들어 한 편의 대작에 참여한다. 슈퍼스타의 탄생이다.

재즈를 사랑하는 그녀의 전 남자친구 세바스찬(라이언 고슬링 분)도 자신의 꿈을 이룬다. 근사한 재즈 공연바를 열어 마음껏 피아노를 연주한다. 하지만 그의 성공은 그녀에 비할 바가 못 된다. 각자가 뛰어든 시장의 크기와 상품의 생산방식(영화 상영과 재즈 공연)이 천양지차이기 때문이다.

세바스찬은 재즈 공연 때마다 직접 연주해야 한다. 한계비용 없이 무한 재생되는 디지털 음원과 완전히 다른 점이다. 영화와 연극도 마찬가지로 대비된다. 영화는 기술적으로 세계 동시 상영이 가능하다. 원본 필름(마스터 포지)를 복사해서 전 세계에 배포해버리면 된다. 반대로 연극은 배우가 매번 무대에서 직접 공연해야 한다. 시간적, 공간적, 무엇보다 체력적 제약이 따른다. 인기 뮤지컬에서 세 명 이상이 주연을 돌아가면서 맡는다. 결국 연극에서는 하이브와 같은 대기업 수준의 기획사가 없다.

슈퍼스타만 판치는 세상에서 조그마한 뒤처짐은 커다란 손해와 돌이킬 수 없는 패배이다. 벤치에서 경기를 시작하는 식스맨이라 불리는 농구 선수가 있다. 실력 면에서 그는 주전에 약간 못 미칠 뿐이다. 하지만 그의 얼굴은 팀 포스터에서 찾아볼 수 없다. 급여도 주전에 한참 못 미친다.

세계화의 압력 속에서 인기와 운동 능력에 따른 소득의 변화는 점점 더 가팔라진다. 체증 곡선이다. 등수 차이(독립변수)에 따른 소득(종속변수)의 한계적 변화가 처음에는 완만하지만 갈수록 급격해진다. 100등과 99등 선수 사이의 소득 차는 미미하다. 하지만 1등과 2등 사이의 차이는 천문학적이다. 마이클 조던과 코비 브라이언트을 대비해보자. 농구 실력 차이는 근소하게 조던이 앞선다고 볼 수 있다. 5:4로 한번 놓아 보자. 이 두 선수의 실력을 비율로 계산하면 조던이 5/9, 브라이언트가 4/9이다. 900번의 자유투 경쟁을 벌이면 조던이 500번 정도, 브라이언트가 400번 정도로 이긴다. 대수의 법칙이다. 엇비슷한 결과이다. 그런데 매번 거대 광고주는 조던을 선택한다. 실력과 보상의 엄청난 비대칭성이다. 살짝 기운 우월성이 가져다주는 보상이 너무 크기에 피튀기는 경쟁이다.

운동선수만이 아니다. 1등만 기억하는 승자독식의 시대에 돈 놓고 돈 먹는 경쟁에 조금이라도 재주와 능력이 있다고 믿는 야심가들이 마구 뛰어든다. 그래서 최고의 교육, 최고의 대학, 최고의 학과를 향해 돌진한다. 이에 맞추어 사교육비가 폭등한다. 1등을 위한 부모의 힘든 삶(education poor)이다. 다행히 자식이 1등을 차지하고 효자라면 가족은 지금까지의 비용을 몽땅 회수하고도 엄청난 수익을 남긴다. 단 소수의 꿈같은 이야기이다. 일가족이 벌이는 몰빵의 도박에서 패배한 나머지 가족의 이야기가 들리지 않을 뿐이다.

이렇듯 승자독식의 유혹은 허약한 도덕심이 뿌리치지 못할 만큼 강하다. 그래서일까? 더 나은 스펙 경쟁에 참전한 부자는 반칙왕에게 너그럽다.

2. 위기를 위기라고 말할 수 없는 홍길동 정부: 파국은 어떻게 오는가?

유튜브를 보고 있으면 우리나라 경제가 곧 무너질 것 같다. 이런저런 위기이다. 사실 여부를 떠나 위기라는 말에 눈길이 머문다. 비관적이고 비판적인 식자가 더 지적으로 보이는 것은 인지상정이다. 뇌 역시 부정적 신호를 빠르게 잡아내도록 진화했다. 이런저런 블라인드 게시판에 좋은 선생이라는 칭찬은 좀처럼 올라오지 않고 이런저런 트집의 비딱한 비난이 천지인 까닭이다.

언제나처럼 불안한 기운이 떠돌아다닌다. 코로나 위기가 끝나고 너무 많은 돈이 풀린 탓인지 미국 정부는 연속적으로 금리를 인상한다. 이에 한국이 마지못해 뒤쫓아 가는 형국이다. 연이은 물가 폭등, 가계부채 위기, 새마을금고 문제(글을 쓰고 있는 당시) 등 여기저기 불안의 징후가 들려온다.

위기라는 아우성 속에서도 정부는 조금의 암시마저 내비치지 않는다. 반대로 소문을 믿지 말고 정부를 믿어달라고 호소한다. 위기의 실재 여부와 상관없이 정부가 취할 수밖에 없는 태도이다. 말 한마디로 천 냥 빚을 갚을 수 있을지는 모르겠지만, 잘못 뱉은 고위 관료의 헛소리는 아슬아슬하게 버티는 나라 경제를 무너뜨리기 때문이다. 모두가 주목하는 위치에 서 있는 고위직 인사의 말(공동지식)로 인해 투자자, 생산자, 소비자 사이에 침체의 되먹임이 일어난다.

거시경제 붕괴 정도가 아니다. 과거 동독에서 술 취한 공산당 고위 간부의 말 한마디가 베를린 장벽을 무너뜨렸다. 그날 저녁 잘못된 소식을 접한 많은 동독 시민들이 부푼 기대와 호기심으로 장벽에 한꺼번에 몰렸다. 간부의 헛소리는 돌이킬 수 없는 기정사실이 되어 버렸다.

되먹임이었다. 기대가 행동으로 이어지고 행동이 더 강한 기대를 낳는 되먹임의 과정은 문자 그대로이다. 사건의 결과가 다시 돌아와서 그 사건의 원인이 되는 순환 고리가 점점 더 단단해지는 증폭의 나선이다.

우리의 터전 지구가 바로 양의 되먹임의 결과이다. 여기저기 무질서하게 산재해 있던 단단한 물질들이 이렇게 저렇게 뭉친다. 그렇게 자란 덩어리는 좀 더 멀리 떨어진 큰 조각들도 끌어당길 수 있을 만큼 중력을 가진다. 이로써 더 커진 중력의 지구는 다시금 덩치를 키운다. 어느새 거대한 중력의 힘에 둥글둥글해진 지구가 탄생한다.

전염병의 전파도 그렇다. 영화 『부산행』이 그리듯 좀비의 전염은 진정한 양의 되먹임이다. 아파 누워 끙끙거리는 코로나 감염인과 달리 좀비는

지칠 줄 모르고 싸돌아다닌다. 정상인은 거리를 메우는 좀비를 피하기가 점점 더 어렵다. 이내 거리에는 좀비밖에 없다.

걱정의 전염도 좀비화 못지않게 극적이다. 사실무근의 불안이 하나둘 모이고 더 모이면서 엉터리 걱정이 현실이 된다. 1930년대 어느 겨울 건전성에 아무런 문제가 없는 은행 문밖으로 길게 늘어선 줄에 무심코 지나던 고객마저 불안해졌다. 그는 뒤에 바짝 붙어 섰다. 어제 감기로 몇몇 창구 직원이 출근하지 못했을 뿐이었다. 이내 줄은 그의 뒤로 걷잡을 수 없을 만큼 길어졌다. 그렇게 불안이 더 큰 불안을 낳으면서 은행은 파산했다.

기대와 행위의 양의 되먹임

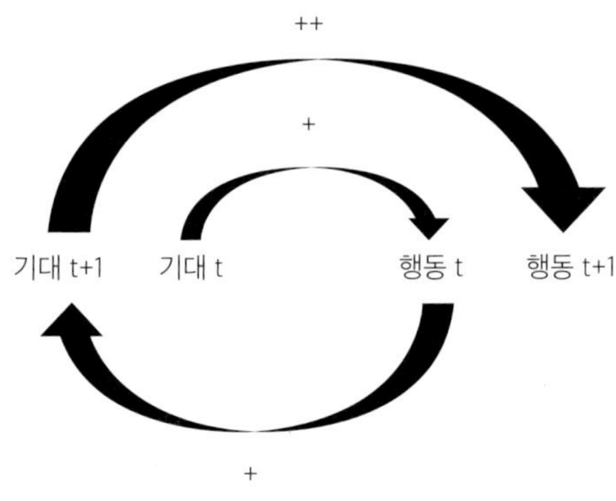

건전한 은행의 파산은 약과이다. 걱정의 전염과 되먹임은 왕조도 끝장내버린다. 한비자가 전하는 망할 징조(망징 亡徵)는 하늘에 태양이 둘인 경우이다. 왕과 태자, 정실부인과 첩의 자식 등이 암투를 벌이는 탓에 권력의 중심이 흔들린다. 이에 궁궐을 드나드는 귀족은 내일을 불안해한다. 몇몇은 이제 자제하지 않는다. 유일한 확실성의 오늘 당장 향소부곡의 천민들을 죽을 만큼 뽑아 먹는다. 결국 망이 망소이의 난이고 태평천국의 난이다. 진압에 나선 중앙 관군의 무능으로 모두의 불안감은 점점 깊어진다. 조용하던 귀족과 관리들 역시 앞뒤 분간이 없어진다. 내일은 없다는 걱정이 하급 관리와 병졸들에게까지 전염된다. 무기를 들고 제각각 산으로 올라간다. 불안했던 왕국의 내일은 그렇게 오늘 정말 사라진다.

일상의 이야기로 돌아가 보자. 학기 말 수업이 끝나고 박수 소리가 점점 더 커지고 있다. 크레센도의 박수 소리에 데시벨이 자신의 임계치를 넘어서면, 평소 뚱한 표정의 수강생도 마지못해 오래 손뼉을 친다. 누구도 그에게 강요하지 않았다. 그저 점점 커지는 소리에 못 이겨 싫은 속마음과 반대로 행동할 뿐이다. 사회적 전염과 압력 속에서 사적 호불호는 맥을 추지 못한다.

되먹임은 상승이 아닌 소멸의 연쇄도 만들어낸다. 들뜬 마음으로 많은 이가 함께 동아리를 시작한다. 하지만 이내 이런저런 이유로 한두 명이 탈퇴한다. 든 사람은 몰라도 난 사람은 안다는 심훈의 『상록수』의 글귀처럼 남은 사람은 힘 빠진다. 금 간 물통에서 물이 새듯 인원은 조금씩 하지만 꾸준히 줄어든다. 탈퇴의 연쇄를 고려할 때 차라리 시작하는 동아리를 소수정예로 꾸리는 편이 나을 듯하다. 그들이 먼저 똘똘 뭉쳐 결의를 다지고 이를 바탕으로 상승의 연쇄를 만드는 편이 자기 지속적일지 모르겠다.

각양각색의 사회적 연쇄의 밑바탕에는 선택의 상호의존이 있다. 이는 동전 던지기의 반대이다. 앞서 나온 열 번의 앞면이 다음 동전 던지기에 영향을 미치지 않는다. 동전은 기억하지 않는다는 유명한 말처럼 11번째 (공정한) 동전에서 앞면이 나올 확률은 여전히 반반이다. 사회적 원자인 개인의 많은 선택과 행위는 동전 던지기의 독립성과 달리 종속적이다. 너의 박수가 나의 박수에 영향을 미치고 너와 나의 박수가 그다음 사람의 박수에 영향을 미친다.

선생의 노고에 감사하는 박수는 끊어지지 않아야 하지만, 거짓 선동은 끊어져야 한다. 그런데 사상과 양심의 자유에 대한 존중이 약한 우리 사회는 거짓 선동에 취한 군중의 노도를 막아 세울 가림막이 높지 않다. 전문가의 식견은 그의 이름을 기억해 두겠다는 댓글에 뒷걸음친다.

다행히 몇 번의 잘못된 광장의 광기를 경험한 탓인지 2023년 후쿠시마 원전 문제에 대한 전문가의 확신에 찬 발언이 선동의 파도를 막아 나섰다. 그리고 단단해진 중도층도 선동에 덤덤한 자세를 유지했다. 몇 차례 홍역 끝에 군중심리에 내성을 키운 이들이었다. 이들이 극단의 연쇄를 막는 방파제가 되어 선동의 파동을 끊어 주었다. 이는 코로나 감염 이후 면역을 획득한 이들이 전염을 막아 세우는 것과 유사했다. 길거리에 나온 서명대는 겸연쩍은 듯 이내 자취를 슬그머니 감추었다.

사회적 전염에 면역이 생긴 집단의 문턱값 배열

선동의 파도를 잠재우는 높아진 방파제를 사회학의 문턱값 모델로 재조명할 수 있다. 문턱값은 각자가 광화문 광장에 나올 결심을 하기에 필요한, 지금 광장에 나와 있어야 할 최소 시민의 수를 나타낸다. 그림 속 사람의 머리에 표시된 숫자(예를 들어 5는 다섯 명의 동료 시위자가 필요한 인물)이다. 그림에서 5, 5, 6, 6의 시민은 과거 각각 3, 4, 5, 5의 문턱값을 가지고 있었다. 나머지 왼편과 오른편은 예전 그대로이다. 과거 왼편의 세 사람이 작당하면 중간의 네 명(3, 4, 5, 5)도 광화문에 따라 나왔다. 이로써 기울어진 배처럼 시민사회가 걷잡을 수 없이 선동하는 쪽으로 쏠렸다. 그런 중도가 변한 듯하다(5, 5, 6, 6). 시간이 흘러 과거를 차분히 복기하니 참으로 엉터리였음을 깨닫지 않았을까 싶다. 보다 설득력 있는 논리나 증거가 없는 이상 0, 1, 2의 시민이 흔들어 대는 깃발에 중도 세력은 더 이상 꿈쩍하지 않는다.

이상에서 아버지를 아버지라 부르지 못한 홍길동처럼 정부가 위기를 위기라 말 못하는 사정이 분명해진다. 위기의 순간 사소한 심리적 자극이 결정적이다. 고위 관료가 무심코 내뱉은 말 한마디는 무거운 짐을 버티고 아무 일 없는 듯 서 있는 낙타 등에 떨어진 마지막 깃털 같은 충격이다. 힘들겠다는 중얼거림은 주위의 불안한 마음을 살짝 흔들어 버리면서 파국의 도미노를 일으킨다.

예수도 이를 정확하게 이해하고 있었다. 부정한 여인을 돌맹이로 쳐 죽이는 투석형을 내렸을 때 예수가 단호히 선언했다. "죄 없는 자가 첫 번째 돌을 던지도록 하라(Let him who is without sin cast the first stone)." 예수는 첫 번째(the first) 돌이 여느 돌과 다르다는 걸 분명히 알고 있었다. 주저하는 군중 속에서 누군가 먼저 손에서 돌을 내려놓았다. 연이어 다른 이들이 줄지어 돌을 버리고 떠났다고 성경은 묘사하고 있다.

위의 넘치는 사례들에서 알 수 있듯이 독립적 주체적 선택이라는 믿음은 착각일 때가 흔하다. 사회적 존재들 사이에 상호의존의 그림자가 짙다. 신과 전통의 굴레에서 벗어난 인간이 기껏 립스틱이나 텀블러도 독립적으로 선택하지 못하겠는가? 못한다. 따라 하는 줄도 모르면서 다수의 선택을 따른다.

이제 한 가지는 분명해진다. 웬만하면 걱정은 나누지 마라. 행복은 친구(혹은 너를 질투하지 않는 인간성 좋은 자)와 나누면 두 배, 슬픔은 친구와 나누면 반이라지만 걱정은 나누면 몇 배로 커진다. 너의 걱정이 상대의 호들갑으로 반사되어 온다. '아 진짜 큰일인가 보다.' 너의 걱정은 더 커지고 다시 더 크게 반사되어 돌아온다.

3. 그들은 왜 교통사고 반대 시위를 하지 않을까?: 선택적 울부짖음

참을 수 없는 존재의 허망함이다. 청년의 직장 상사는 임원의 몰지각한 잔소리, 동료의 험담, 배우자의 원망에 심한 속앓이를 했다. 한잔 걸치니 긴장했던 마음이 느슨해졌다. 잠시 신발 끈을 다시 묶고 올려 보니 신호등의 파란불이 깜빡깜빡했다. 급하게 뛰어 건너기 시작했다. 그 순간 신호를 무시한 음주 운전자의 차량이 빠른 속도로 부딪혔다. 어제와 같은 오늘이다. 아무것도 변한 건 없다. 청년은 지금 초상집에 와 있다.

우리네 인생을 부조리하게 만드는 개인용 이동 수단이 점점 더 많아지고 있다. 이리저리 질주하는 2인용으로 둔갑한 1인용 이동 수단들이다. 가끔 킥보드와 전동 자전거가 자신을 아슬아슬하게 비껴가는 순간마다 청년은 인생의 유한함과 부질없음을 자각한다. 로또 한 방이 아니라 킥보드 한 방이다.

과거에는 천연두가 터무니없었다. 운명처럼 받아들일 수밖에 없었다. 과학과 의학의 발전은 언제 어디서 누가 당할지 모르는 치명적 우연을 제거했다. 모두를 축복한 과학의 은사를 누리는 우리 뒤에서 옆에서 심지어 앞에서까지 전동기구가 바람을 일으키며 스치듯 달린다. 답답하여라. 킥보드에 빼앗긴 길에도 한가로움은 오는가? "맨드라미 들마꽃에도 인사를 해야" 하지만 똑바로 일정한 속도로 걸어야만 한다. 아니면 꽈당 부딪힌다.

실존주의 철학자 카뮈가 뽑은 대표적 부조리가 교통사고 사망이다. 그의 삶도 이 때문에 끝났다. 많은 이들이 그렇게 끝났다. 심지어 올해도 어디선가 로또 대박을 위해 길을 나섰다가 로또 1등보다 훨씬 높은 확률의 교통사고로 사망한 자가 나왔을 것이다. 만약 그가 중환자실에서 오래 버티다 죽었다면 바뀐 기준에 따라 교통사고 사망자로 처리되진 않았겠지만 말이다. 새로운 통계 분류 기준이 한 해 5천 명을 넘나들었던 사망자 수를 줄인 여러 이유 중의 하나이다. 그래도 여전히 네 자릿수다. 많은 사람이 교통사고 사망 자체가 아니라 이 숫자에 놀란다.

진화심리학 수업을 들었던 청년은 상상해 본다. 더 이상 우리를 물어뜯을 수 없는(아프리카 초원을 뜻하지 않게 혼자 헤매지 않는 이상) 사자가 여전히 무섭다. 사자와는 비교할 수 없을 만큼 훨씬 더 치명적인 자동차를 그렇게 무서워한다면? 최소한 바퀴벌레 보듯 했다면 많은 어린이이가 아직도 운동장을 뛰어다니고 이를 바라보는 부모는 흐뭇한 미소를 지었을 텐데 말이다. 무섭고 징그러운 동물 그림책 사이사이에 람보르기니 그림을 끼워 넣는 실험을 해보고 싶어진다. 수 만 년이 지나면 그때 인류(아직 생존해 있다면)는 자동차를 사자처럼 대할지 모를 노릇이다. 쓸쓸한 잡생각이다.

몹쓸 운전을 대하는 우리의 반응 역시 이상하다. 보통 한국인은 갑질에 부들부들 분개한다. 한국 민주화의 초석이다. 녹음된 손님의 분명한 욕설은 공분의 쓰나미를 일으키고 그의 신상은 바로 까발혀진다. 그런데 젊은 운전자의 차량이 늙은 보행자를 놀라게 하는 갑질(?)영상은 방송을 타지 못하고, 분노의 파동을 만들지 않는다. 보행자가 느끼는 참을 수밖에 없는 존재의 가벼움에 모두 다 무심하다.

운전자도 양심의 가책 혹은 수치심을 전혀 느끼지 않는 모양새이다. 사망사고를 낸 음주 운전자가 짓누르는 죄책감으로 자살했다는 소식을 접해 본 적이 없다. 길바닥에만 나서면 무례해지는 운전자가 급하게 피하는 보행자에게 험상궂은 표정을 짓는다. 칼로 사람을 찌를 생각에도 몸서리치는 인물이 자동차라는 흉기를 여기저기 들이민다.

아마도 신체 접촉의 유무가 자동차 갑질의 큰 이유가 아닐까 가정한다.

철길 위의 사람 목숨이 달린 트롤리 딜레마(Trolley dilemma)가 이 가설에 힌트를 준다. 트롤리가 빠른 속도로 달려오고 있다. 이대로라면 작업 중인 철로 위의 인부 3명이 죽는다. 바로 앞에 설치된 선로 변경 레버를 당기면 너는 세 명을 살리고 다른 선로의 인부 한 명을 죽인다. 실험 참가자 상당수가 레버를 당긴다. 실험 조건을 조금 바꾸어 이제 너는 레버 옆이 아니라 옥상에 서 있다. 그리고 바로 앞 난간에 건장한 체구의 사나이가 버티고 있다. 그를 밀어 떨어뜨리면 질주하는 트롤리를 멈춰 세울 수 있다. 이전 실험에서 레버를 당기겠다는 참가자는 사나이를 밀지 않겠다고 선언한다.

레버를 당기거나 사람을 밀거나 공리주의적 결과는 같다. 한 사람을 희생시켜 셋을 살린다. 방법의 차이가 있을 뿐이다. 내 손에 직접 피를 묻히는가 아니면 기계로 대신하는가이다. 놀랍게도 이 차이에 뇌가 다르게 반응한다. 뇌 사진은 사람을 밀어야 하는 경우 감정과 관련된 부위가, 레버를 당기는 경우 수리적 계산과 관련된 부위가 활성화됨을 보여준다. 두 종류의 사진 판독은 영화 『불한당』에서 "총이라는 게 죄의식을 덜어줘"라는 김희원의 대사와 일맥상통한다.

자동차를 두려워하지도 않고, 운전의 무례함에 대한 공분도 없을뿐더러, 우리는 해마다 몇천 명씩 죽어 나가는 교통사고를 참사로 대하지도 않는다. 이상한 노릇이다. 목숨 하나하나가 소중하다 울부짖는 사이버 공간의 차고 넘치는 공감 초능력자는 어디에 있단 말인가? 과거 미국산 소고기 때문에 한 해 서너 명의 목숨이 위험(과장과 조작에 기대어 예상한 최대 사망치)해질 수도 있다는 희박한 가능성에 엄청난 수의 시민들이 뜨거운 마음으로 광화문에 모여들었다. 그만큼 한국인이 사람 목숨을 소중히 여긴다면 왜 교통사고를 저주하는 시위를 하지 않는가? 왜 교통사고 사망자를 추모하는 리본을 달지 않는가? 왜 국가에 책임을 묻는 성난 군중이 없는가? 교통사고 방치하는 대통령을 탄핵하자는 구호를 막무가내로 외쳤다면 엄청난 수의 목숨을 구했을 것이라는 생각에 청년은 웃지도 울지도 못한다.

어쩔 수 없다. 교통사고 반대로 대통령을 탄핵할 수 없다. 그리고 교통사고 반대에 정신이 팔린 시민은 지엽적인 당파적 선전 선동에 집중하지 못한다. 혹은 나의 동지가 (음주운전으로) 나의 적이 될지도 모르는 전선이 그어질 수 있다. 이래저래 교통사고 방치하는 대통령 탄핵 운동은 정치적으로 수지가 안 맞다. 사람 중심의 초공감자는 사람 살리기가 아니라 대통령 탄핵의 억지 주장이 먹힐 수 있는 갈등에 매달린다. 극화와 양당제의 대결적 민주주의에서 공감은 정치적 계산에 철저히 종속된 감정으로 전락한다.

교통사고 반대 시위가 없는 내신 각사노생으로 차의 덩치만 커지고 있다. 미국과 달리 길도 주차장도 넓지 않은 우리나라지만 어느 순간부터 길에는 SUV 등 큰 차가 종횡무진이다. 죄수의 딜레마에 따른 놀랍지 않은 결과이긴 하다. 개인의 안전을 지극히 사적으로 도모하겠다는 합리적 계산으로 다수가 큰 차를 몰고 나오는 바람에 다닥다닥 붙은 주차 차량에 올라타기 신공과 잦은 흠집으로 스트레스만 증가한다.

교통사고가 우리를 한 방에 죽이는 부조리라면 층간소음은 우리를 야금야금 갉아 먹는 좀벌레이다. 직접 대면하고 있지 않지만 발망치에서 그들의 배려 없음, 무시 등 인간적인 침해를 날카롭게 느낀다. 그리고 윗집 주민이 길거리 무뢰한보다 더 끔찍하다. 길에서 부딪친 저질스러운 운전자는 다시 볼 일이 없으나, 소음방지 슬리퍼를 신은 아랫집은 밤마다 윗집을 발망치 소리로 만난다. 이사 가지 않는 한 도망갈 수 없는 비대칭적으로 꽉 매인 관계이다. 거기에 이웃이 험상궂기라도 하면 더 절망적이다. 왜 힘 있는 친인척이 없는지 한탄스럽다. 그만큼 괴롭다.

빈 배(虛舟) 이야기로 유명한 장자가 층간소음에 어떻게 반응할지 궁금하다. 빈 배 하나가 떠내려오다가 사공의 배에 부딪힌다. 성질 급한 인물이지만 그는 화내지 않는다는 장자의 관찰이 탁월하다. 그런데 배에 사람이라도 타고 있으면 당장 소리치며 비켜 가지 못하겠느냐고 한다. 한 번 소리쳐서 듣지 못하면 다시 소리치고 그래도 듣지 못하면 결국 세 번째에는 반드시 욕설이 따른다. 층간소음은 위층 주민의 짓이 분명하다. 빈집(虛家)으로 상상해버리기가 불가능하다. 사악한 고의성보다는 게으른 무신경이 발망치의 압도적 원인이겠지만 장자는 천장을 쳐다보고 결국 큰소리로 욕하지 않을까?

장자마저 화나게 할 만인의 만인에 대한 무례함인 층간소음도 교통사고만큼이나 정치꾼의 관심을 받지 못한다. 수많은 입주민이 고통받고 칼부림을 부를 만큼 날카로운 갈등이지만 사적 해결책만을 이야기한다. 슬리퍼를 신어야 하는 것은 맞다. 그 이상이 필요하다. 그러나 수천만의 아파트 거주자들은 정부를 제대로 압박하지 못한다. 누구도 생업을 뒷전에 두고 피켓을 들고 광화문으로 달려가지 않는다.

끈질긴 민생고를 외면한 정치가 허망하다. 우리의 삶을 힘들게 하는 교통사고와 층간소음을 줄이기 위한 노력보다는 김정은과 손잡고 산책하는데 온 정성을 다하고 있다. 어찌 정치인만 탓할 수 있겠는가? 굴종의 허위의식에서 벗어나 자기들만 깨어있다는 시민은 여론 선도자의 암시에 따라 열광한다. "우리 으니"라는 이상한 단어가 댓글을 한때 도배했다. 이런 정신 잃은 소동과 반대로 층간소음방지법을 제정하라고 소리치는 시민은 없다.

대한민국의 밤거리를 다닐 때마다 느껴지는 한국의 뛰어난 국가 능력이 도로교통과 아파트 건설에서 벌어지는 죄수의 딜레마에 무기력하다. 길바닥이라는 익명의 공간에서 벌이는 일회성 만남인 도로교통에서 규범은 힘을 잃어버리기에 시민들 사이의 자발적 해결은 거의 불가능하다. 사이버 공간처럼 서로의 이름을 모르는 길거리에서 위험한 운전자에게 꾸지람이나 수치심을 줄 수 없는 노릇이다. 누가 더 뻔뻔한지 길거리에서의 한판 대결만이 난무한다. 이를 해결하기 위해 위험천만한 주행을 엄격히 처벌하겠다는 위로부터의 믿음직한 명령이 절실하다. 그런데 여전히 감시와 처벌이 느슨하다. 위아래의 비대칭성 속에서 아파트 층간소음 역시 주민들 사이의 기 싸움일 뿐이다. 실내화를 신어라는 관리사무소의 권고만 있지 소음을 크게 줄일 수 있는 건설자재와 공법에 대한 어떠한 강제 명령도 보이지 않는다. 그렇게 국가는 말이 없다.

정치인의 선택적 무관심, 시민당파의 당파적 행태, 국가의 방치 속에서 공동체적 규범의 흐릿해짐이 더욱 뼈아프다. 쉴 새 없었던 고도성장에 이은 각자도생의 무분별한 이기심 속에서 공동체를 새롭게 복원할 대안 관념이 보이지 않는다. 부당했던 과거에 대한 과격한 부정이 어느새 공동체에 대한 근본 공격으로까지 이어진다. 목욕물을 버리면서 아이까지 버린 꼴이다. 예를 들어 어린아이가 식당에서 어떻게 행동해야 하는지에 대해 서로가 헷갈린다. 아이사랑에 참아야 하는가? 아니면 노키즈존인가? 아주 기본적인 문제에 대한 사회적 합의가 어렵다. 결국 괜한 분란 만들지 말자는 편리한 방관 속에서 뻔뻔하고 과격한 자가 세상의 기준을 정하고 있다. 점점 더 무례해지고 있다.

이렇듯 너무 약해져 버린 공적 규범과 대조적으로 가시 돋친 사적 간섭은 시시때때로 사람들을 찌르고 다닌다. 공중도덕의 벽은 무너질 듯 흔들리는데 사적 행복의 문이 좁다. 진학, 직장, 결혼, 이사, 아이 교육 등에서 딱딱 하나의 정답만이 있다. 타인에게 별다른 해가 없는 사소한 행동에도 정답은 하나이다. 비가 오면 우산을 써야 한다. 비 맞고 다니면 누군가의 손가락질도 맞는다. 교통사고의 책임은 반드시 서로 나누면서 사생활의 올바름에는 집단적 독선이 판을 친다. 하지 말아야 할 것만 하지 않는 것으로 충분하지 않다. 관습적 올바름의 좁은 외길에 타인을 붙잡아두려는 집요하고 포괄적인 간섭과 비난이 넘친다. 부탁하지 않은 간섭이 조언의 이름으로 화살처럼 날아 꽂힌다. 숨 막힌다. 결혼도 출산도 없다.

공적 규범을 위한 심사숙고는 없고 아프니까 청춘이라는 절규만이 넘쳐난다. "너도 아프냐? 안됐네. 근데 내가 더 아파." 무분별한 공감 덕에 더 아픈 쪽이 정의의 승리자가 된다. 누가 더 아프고 누가 더 관심받을지 다투는 경쟁이 빚어내는 잦은 경보음에 마음은 마비되고 각자는 굴속으로 숨어 버린다. 그래서 진짜 중요한 신호를 모두가 놓쳐 버린다. 시도 때도 없이 울리는 과민한 중환자실의 경보기를 꺼 버린 의료인의 치명적 실수를 닮았다.

그렇게 우리는 세상과 연결된 스위치를 끈다. 대부분은 기차나 지하철역에서 좀비처럼 스마트폰에 고개를 파묻는다. 무례한 주위 승객으로부터 혹은 상부상조(자리 양보)의 압력에서 벗어나기 위해 에어팟을 귀에 꽂고 있다. 철저히 개인주의적 방책이다.

맞다. 에어팟은 지금 시대의 각자도생을 상징한다. 객차 안에서 시끄럽게 이야기하는 몰상식을 말리거나 승무원의 도움을 요청하는 이는 다른 사람들도 도와주는 셈이다. 모기장 대신 모기약을 뿌려 모기를 잡는 식이다. 그럼 나뿐만 아니라 옆방에서 주무시는 노모도 편하다. 긍정적 외부성이다. 반대로 모기장을 펴면 모기는 노모의 방으로 이동한다. 부정적 외부성이다. 모기장이 대세인 듯하다. 공중도덕을 사뿐히 밟는 명백한 무례를 모르는 체하고 다들 그냥 에어팟을 끼고 있다. 안 떠들기보다 안 들어야 하는 세상인가 보다. 떠드는 덩치 큰 승객은 투덜대는 청년에게 귀를 막으라며 험악한 표정을 짓는다. 그렇게 소시민은 작아져만 간다.

당당한 조언으로 등장한 각자도생은 한국 사회가 자정력, 자구력을 크게 상실하고 있음을 말해준다. 많은 노숙자가 시내 한복판을 어슬렁거리는 캐나다 벤쿠버의 낯선 풍경이 청년에게 한국 사회의 미래를 암시하는 듯하다. 어찌할 바를 모르는 그들의 화난 얼굴이 슬프다. 이 중 마약에 절은 이들이 여기저기 굳은 채 서 있다. 악기마저 대여해주는 공공도서관의 안락함이 갈 길 잃은 그들을 잠시 위로할 뿐이다. 도서관 위에서 바라보는 풍경 속에는 주위를 두리번거리는 양복 입은 신사도 있다. 쓰레기통에서 버려진 샌드위치를 꺼내 어디론가 숨듯이 사라진다. 그런 노숙자는 싸움을 시작할 주체적 능력이 없다. 노숙자이지 않은가? 전국노숙자연합회가 형용모순처럼 들리는 까닭이다. 뭉칠 수 없는 그들은 제각각 골목 안으로 사라질 뿐이다. 모두가 공유하는 공적 규범이 흐릿해지면서 한국 사회도 주체적 능력을 잃어가고 있다. 소수 열성 시민은 정치인의 싸움만 대행해 주고 있다. 다른 한쪽에서는 허기를 급하게 달래주는 패스트푸드 같은 SNS의 위로를 얻기 위해 너도나도 더 아프다고 아우성친다. 아프다면서 서로에 대한 지적질은 까먹지 않는다.

4. 정류장의 수는 늘어날 뿐이다: 반(反)개혁의 정치학

바쁜 아침 출근길을 나서면서 정차 수가 적은 급행 시간을 맞추고자 직장인 청년은 일찍 나선다. 산책할 정도도 안 되는 가까이에 역이 하나 새로 만들어져 출근 시간이 좀 더 길어졌기 때문이다. 이 역을 지나야 하는 승객 모두의 잃어버린 총시간이 엄청나다. 역 주변 주민들이 얻는 편리성에 비해 너무나 큰 낭비가 아닌가 하는 불편한 생각이다. 역과 정류장은 늘면 늘었지 좀처럼 줄지 않는다는 생각이 그의 머리를 스친다.

거창하게 말해 분배의 정치경제 때문이다. 사이사이에 역이 새로 만들어지는 경우 다수가 골고루 조금씩 손해를 본다. 갑자기 3분 정도 늦춰진 출근길에 짜증은 나지만 반대 서명을 모아 관련 기관에 민원을 넣을 정도는 아니다. 그리고 불편에 이내 익숙해진다. 반대로 새로 생긴 역은 근처 주민의 오랜 숙원사업이었다. 주민들은 플래카드를 내걸었고 공청회 등을 개최했고 여기저기 민원을 넣었다. 비용과 노력을 아끼지 않았다. 역세권을 위한 강력한 집단행동이었다. 역이 늘어나는 게 당연하다.

일단 생긴 역이나 정류장이 사라지는 경우는 드물다. 손님이 거의 없는 정류장을 없애면 많은 이들이 잠깐의 시간을 아낄 수 있다. 그렇지만 인근 주민이 폐쇄에 강하게 반대한다. 특별히 새로 만들려는 로비보다 더 강하다. 지킨다는 건 손해를 막겠다는 의지이고, 잃음의 쓰라림이 얻음의 만족감보다 더 큰 법이다. 동전을 던져 이순신 장군 얼굴 면이 나오면 200만 원을 벌고, 숫자 면이 나오면 100만 원을 내놓는 계산상 유리한 게임을 청년이 거부하는 까닭과 같다. 지역민의 원성을 걱정하는 책임자는 폐쇄라는 합리적인 결정을 후임자 몫으로 미루어버린다.

늘어나는 역과 좀처럼 사라지지 않는 정류장은 왜 규제 입법이 늘어만 가는지 알려준다. 편협한 이익집단은 전체 파이를 키우는 공공적 노력 대신 자신의 몫을 챙기는 각종 진입장벽을 세우는 데 열을 올린다. 이에 반해 소소한 손해를 입는 다수는 수수방관이고 오합지졸이다. 무엇이 문제인지 알려는 수고조차 거부한다. 결국 성가신 규칙들이 우후죽순이다.

정류장은 좀 불편할 뿐이다. 걸어 다니는 뚜벅이 청년은 개인용 운송수단이 하나 더 등장할 때마다 걱정이 앞선다. 잘 닦인 넓은 인도 위를 다양한 종류의 전동기구가 내달린다. 자유를 만끽한 운전자의 표정이 해맑다. 청년은 한쪽 끝으로 비켜 흔들림 없이 똑바로 걸으려 노력한다. 차라리 노점 좌판이라도 중간중간에 있는 편이 안전에 도움이 될 듯하다. 다중 시설의 넓은 복도 가운데 커다란 화분을 놓아 사람들이 마구 뛰기 어렵게 하는 이치이다. 2인 이상 탑승 금지, 헬멧 착용, 벌금 등 무용지물의 명령만이 안전을 위한 시늉을 하고 있다.

역과 관료의 수가 증가하고, 교통사고 반대 시위가 없는 것과 같은 이유로 인도를 활보하는 킥보드를 이제 금지하기가 어렵다. 킥보드로 돈벌이하는 이들이 가만 있지 않을 것이다. 한국의 깨어있는 시민은 당파적 시위로도 하루가 부족하다. 정부도 수수방관이다. 각자가 킥보드를 피해 조심히 다닐 뿐이다.

빈번한 교통사고에서 종횡무진 킥보드까지 이 모두는 개혁의 주체가 되어야 하는 시민이 실패한 것이다. 굳이 내가라는 이기적인 나의 마음은 돌려세웠지만 다른 이들이 나 같은 마음일지 의심스럽다. 혼자 헛수고일 거라 자포자기이다. 다시 말해 무임승차의 욕구, 불확실한 미래를 꺼리는 소심함, 서로에 대한 불신으로 개혁 역량은 대개 역부족이다.

급행 전철과 광역버스는 이런 어려움을 정면으로 돌파하는 대신 문제를 우회해 버린 영특한 방책이다. 사회문제를 해결하는 우회로를 찾는다면 소수의 반대와 다수의 무관심이라는 정치적 딜레마에서 벗어날 수 있다.

우회로가 잘 보이지 않는데도 더 나은 세상을 바라는 개혁가는 정치적 명운을 걸고 문제와 대결을 벌이려 한다. 어떻게 추진할지 고민스럽다. 전면전인가? 살라미인가? 위로부터 개혁을 실천하는 두 가지 다른 노선이다. 전면전을 추천하는 쪽은 개혁을 고양이 꼬리 자르기에 비유한다. 10cm짜리 꼬리를 엉덩이에 바짝 대고 한 번에 자르는 대신 1cm씩 열 번을 자른다면 고양이는 과도한 출혈과 끔찍한 고통 속에서 사망할 것이다.

어떤 사람이 서투르게 털을 깎자 양이 말했다. "내 양털을 원한다면 더 높이 깎으세요. 내 고기를 바란다면 단번에 나를 죽이시고 이렇게 조금씩 고문하지 마세요."

고양이 꼬리가 아니라 살라미 소시지라면 이야기는 달라진다. 야금야금이 나쁘지 않다. 물가에 나온 아이는 발가락부터 강물에 담그고 조금씩 깊이 들어간다. 버럭 화내기 어려운 정도의 칭얼거림을 하나씩 들어주다 보니 어느덧 아이는 물속에서 첨벙첨벙하고 있다.

스탈린과 김일성이 한 명씩 공개 비판하면서 정적을 제거하는 수법이기도 했다. 잔인한 독재자는 한꺼번에 다 죽이지 않았다. 주요 인물을 회의 때마다 하나씩 불러세워 공개 비판하고 띄엄띄엄 죽였다.

중국의 덩샤오핑은 부분적 점진적으로 사회주의 계획경제를 개혁했다. 해안가 도시부터, 농민부터, 이중가격제도 도입부터 조금씩 고쳤다. 중국과 같은 점진주의적 개혁은 개혁 초기 기득권의 반대를 줄일 수 있고, 진행 과정에서 기술적 문제를 파악하고 이를 신속하게 개선할 수 있다고 정당화된다.

아래로부터의 개혁은 위로부터의 개혁보다 훨씬 더 힘들다. 권력의 칼을 쥔 개혁 군주가 아닌 소외되고 서글픈 처지의 도전자와 약자는 함께 동시에 돌진해야 한다. 그런 그들 앞에 놓인 장애물이 높고 날카롭다. 위험을 무릅쓴 몇몇 결기만으로 어림없다. 다수의 동참에 대한 믿음과 승리에 대한 확신이 넘쳐나서 많은 이가 한꺼번에 거리에 나서기 전까지 여전히 암흑이다. 깊어진 밤이 저절로 새벽을 재촉하지 않는다.

그런데 독재의 나라에서는 서로의 마음을 나누는 것마저 위험천만이다. 두려움에 파르르 떠는 침묵을 찢는 위선의 충성 맹세로 인해 서로는 서로를 오해하고 불신한다. 무서운 감시를 피해 어떻게라도 말을 붙여본 이들이 몰래 모여 혁명을 계산해 봐도 성공의 기댓값이 여전히 터무니없이 낮다. 죽음이 두렵지 않은 젊은이는 뻔한 실패가 예상되니 처음부터 시작하지 않는다. 개죽음이 싫기 때문이다. 새로운 세상을 바라는 모두의 자포자기이다.

압도적 다수가 함께 동시에 뛰쳐나와 동트는 새벽을 불러내야 하는 아래로부터의 저항과 달리 끝까지 버티는 고집 센 한 명이 역사를 만드는 드문 예도 있다. 시험 감독처럼 말이다. 기말고사 감독자는 시험이 빨리 끝나기를 원한다. 무엇이 그의 감독 시간을 결정할까? 한두 명의 학생은 시험지를 받자마자 대강 적고 나간다. 이들은 학생 일 인당 평균(average) 시험 시간을 크게 낮춘다. 그렇게 시험 시간이 3/4쯤 흐르면 이제 전체 수강생의 반 이상이 강의실을 떠난다. 중위(median) 시험 시간이다. 그렇지만 시험 감독자에게는 평균값도 중위값도 중요하지 않다. 마지막에 떠나는 자가 그냥 시험 감독의 전체 시간을 정한다. 화학에서 가장 느린 반응 속도인 율속 단계(rate determining step)가 전체 반응 시간을 결정하는 것과 비슷하다. 생물학의 최소 양분율도 그렇다. 성장에 필요한 필수 양분 중 가장 적게 공급된 양이 식물의 성장을 결정한다. 이와 비슷하게 안전과 위생에 강박적인 한 소비자의 난리로 모두가 좀 더 안전해지기도 한다.

고집 센 소비자처럼 혼자서 독재를 깨트릴 방법이 바로 암살이다. 결사한 인물이 사열대에 서 있는 독재자에게 달려들어 한발의 총알로 공공재(독재자의 제거)를 공급할 수 있다. 이는 문과 대학생의 팀프로젝트를 닮았다. 소수의 희생과 노력으로 과제는 우여곡절 끝에 제출된다. 상당수가 무임승차를 택하지만, 모범생은 분통을 삼키며 밤새워 과제를 혼자 완성한다. 단 암살은 목숨을 걸고 하는 희박한 성공 가능성의 도박이다.

암살자처럼 극적이지 않아도 세상 바꾸기는 먼저 나서기이다. 사회적 압력과 눈총에 강한 내성을 지닌 미친 자가 앞장서야 한다. 독재의 시대 집회 및 시위에 관한 법률 위반은 더 큰 미친 용기가 필요하다. 반동사상

문화배격법의 위반은 정말로 미쳐야 가능하다. 세상을 바꿀 수 있다고 믿는 소수의 미친 자만이 계산을 잘못하거나, 계산하기를 거부하거나, 혹은 영화 최종병기 활의 명대사처럼 비관적 계산값을 극복한다.

민주주의 시대 SNS의 발달로 앞장서기가 훨씬 수월해졌다. 뜻을 같이 하는 사람을 모으고 의사소통하는 비용을 엄청나게 낮추어 준 소통 기술 덕분이다. 예를 들어 과거 인천국제공항 정규직 전환 과정(줄여서 인국공사태)에서 전국의 젊은이들이 함께 저항해서 더 이상의 무리한 꼼수를 막았다. 전환 과정이 공정하지 않다고 해도 다른 수많은 개개인이 받을 피해는 극히 미비했다. 정류장과 같은 집단행동의 딜레마가 발생할 분배 구조였다. 마음에 들지 않지만 수고스럽게 피켓을 들고 나갈 정도의 일은 아니었다. 그런데 사이버 공간에 공정과 정의를 외치는 많은 젊은이가 삽시간에 모여들었다. 집 밖으로 나오지 않고도 의지를 모을 수 있었기 때문이다. 예상치 못한 공분에 정부는 깜짝 놀랐다.

요약하면 길거리에서나 사이버에서나 세상을 바꿀 수 있다고 믿는 미친 인물과 그에 동조하는 소수의 굳센 무리가 있어야 세상은 바뀔 수도 있다.

그러나 공동체는 이 부류를 힘들어한다. 이들은 지사, 선각자라는 말 대신 골수, 반골, 심지어 사회적 부적응자 등으로 불린다. 지금 보다 더 나은 세상을 원한다면 공동체는 이들의 이상한 불평과 색다른 비판을 참아 내어야 한다.

무엇보다 흩어진 개인(아싸)이 똘똘 뭉친 당파에 맞서 고집을 부릴 수 있도록 의사 표현의 자유를 튼튼히 보호해야 한다.

법적 보호뿐만 아니라 적극적인 지지를 표현하는 것도 잊지 말아야 한다. 당파적 당위로 입막음을 시도하는 SNS의 팬덤에 맞서는 독립적인 인사 뒤로 사람들이 모이는 순간 용자는 사회적 부적응자가 아니라 지도

자로 탈바꿈한다. 앞서 나감만큼이나 뒤따름도 공동체의 소중한 밑거름이다.

5. 사회적 약자를 보호하는 기술: 스포츠에서 배우다

올림픽 양궁장에 바람이 분다. 한국 대표 팀에 유리한가? 불리한가? 그 바람은 선풍기 바람이 아니다. 강했다, 약했다, 잠잠했다, 마음대로이다. 종잡을 수 없는 거센 바람은 계산하는 것이 아니다. 극복하는 것도 아니다. 좌우되는 것이다. 어찌할 수 없는 우연이다. 바람이 만드는 우연의 변동성이 실력 차보다 크다면 실력이 뒤처진 선수가 요행으로 이길 수 있다. 바람은 바로 진인사(盡人事) 다음의 천명(天命)이라 할 수 있다.

실력에서 앞서는 한국 양궁의 입장에서 바람은 멈추어야 한다. 그렇지만 적당한 바람은 게임의 재미를 더한다. 한국이 이길 확률은 여전히 높지만, 바람 덕분에 결과는 누구도 장담 못 한다. 선수나 관중이나 모두 긴장하고 집중한다. 양궁장의 지붕을 덮으면 안 되는 까닭이다.

바람이 재미를 더한다지만 태풍 치는 날은 경기를 연기해야 한다. 태풍이 실력 차를 깨끗이 지워 버릴 테니 이제 활쏘기는 스포츠가 아니라 도박이 되어 버린다. 그것도 판을 읽는 눈과 던져진 패의 운이 합쳐진 포커 게임이 아니라 순수하게 100% 운인 주사위 던지기이다. 누구도 주사위 던지기를 보기 위해 돈과 시간을 들여 경기장을 찾지 않는다. 구석을 찌르는 속구, 빗맞은 내야안타, 빠른 발, 물집 난 손바닥, 심판의 오심이 적절히 혼합될 때 스포츠는 살아 있다.

실력과 운의 상대적 비중은 종목마다 차이가 있다. 야구는 크고 테니스는 작다. 운(분산)의 비중이 클수록 약자가 강자를 이길 가능성이 상당하다. 우연과 운이 만드는 예측불허이다. 한국시리즈를 한 게임만으로 끝낸다고 상상해보라. 결정적인 순간 나온 빗맞은 안타 몇 개와 심판의 의심스러운 볼 판정 몇 개로 우승팀이 결정되어 버린다. 1년 농사의 마지막에 우연의 비중이 너무 커진다. 허무한 느낌을 지울 수 없다. 그래서 7전 4선승제가 필요하다.

양궁에서 운의 비중은 하늘의 바람만큼이나 게임 규칙에 좌우된다. 세계양궁조직위원회는 우연(분산)을 키우는 쪽으로 규칙을 계속 변경해 왔다. 처음에는 쏘는 화살의 수를 줄이는 식이었다. 1980년대 양궁은 정말로 많은 화살을 쏘았다. 화살의 수가 많아질수록 실력의 차이가 여지없이 결과의 차이로 이어진다. 아무리 뛰어난 선수도 한두 발은 실수할 수 있다. 누구는 아주 운 좋게 몇 발을 연속해서 명중할 수 있다. 그렇지만 화살의 수가 더해질수록 뜻밖의 불운과 행운은 희석되어 버린다. 다수의 법칙이다. 동전을 10번 던지면 앞면의 비율이 요동치지만 100번 던지면 확률의 계산대로 50번 근처에서 찰랑거리는 이치이다. 양궁위원회는 36발에서 12발로 화살 수를 줄였다. 한국 팀의 독주를 막기 위한 더 큰 들쭉날쭉(분산)의 노림수였다.

여기서 그치지 않았다. 토너먼트를 도입해서 우연의 힘을 더 키우려 했다. 모든 팀과 돌아가면서 싸워 승점이 가장 높은 팀이 우승하는 리그제는 강팀에 절대적으로 유리하다. 이와 달리 우승으로 가는 과정에서 서너 번의 단판에 명운을 걸어야 하는 토너먼트에서는 우연의 비중이 커진다.

한국의 독주를 막겠다는 세계양궁협회의 마지막 의지가 세트제이다. 개인전의 경우 세트마다 세 발(단체전의 경우 세트당 3명의 선수가 각 두발씩 총 6발)을 쏘아 총점이 많은 쪽이 세트를 가져가서 2점을 얻는다. 무승부는 1점이다. 그렇게 먼저 6점(단체전은 5점)을 얻는 쪽이 이긴다. 이제 중국, 대만,

인도, 미국 선수와의 결승전이 손에 땀을 쥐게 한다. 정말이지 담력 싸움, 바람 싸움이 되었다.

여기서 핵심은 세트와 세트의 분리이다. 바로 전 세트의 텐, 텐, 텐은 다음 세트에 전혀 도움을 주지 않는다. 보너스 점수는 없다. 그래서 게임 전체를 통틀어 총점이 더 높아도 세트별로 흩어진 사소한 실수로 세트 점수에서 밀려 패배할 수 있다. 차라리 한 세트에 실수를 몰아서 해버리는 편이 나쁘지 않다. 이렇듯 각 세트의 독립성이 조장하는 우연 때문에 약팀이 강팀을 더 자주 이길 수 있다.

그래도 한국 여자 양궁은 아직 올림픽 단체전에서 한 번도 금메달을 놓치지 않았다. 대한민국은 세 선수 모두 수준급이다. 이와 달리 우리를 위협하는 나라에는 한 명 정도 크게 뒤처지는 자가 있다. 그렇게 한국 여자 양궁은 바람, 줄인 화살 수, 토너먼트, 세트제가 조장하는 우연을 모두 극복해 버렸다.

분산을 높인 세트제의 효력은 개인전에서 분명해진다. 세계 여러 나라의 수준급 선수 사이의 실력 차는 이제 너무 근소하다. 세트마다 엎치락뒤치락한다. 순간 바람이라도 더 강해지고 비라도 내리면 정말이지 에이스 선수들의 운명은 바람 앞의 화살이다. 몇 년 전 올림픽 여자 양궁 개인전 토너먼트에서 한국 선수는 마지막 한 발 승부(shoot-off)의 도박을 두 번이나 치렀다. 실력이 아니라 복불복이었다. 한국 선수가 겨우 금메달을 차지했다. 단체전과 달리 여자 개인전은 이제 더 이상 한국의 우승을 장담할 수 없다.

양궁에서 힌트를 얻은 나는 테니스의 규칙 변경을 상상해 본다. 최근 알카라스 등 신예가 등장하기 전까지 세계 남자 테니스는 오랫동안 3인방의 각축전이었다. 나달, 조코비치, 페더러가 메이저대회를 나누어 가졌다. 2019년 프랑스오픈 남자 단식 4강에는 당시 세계 랭킹 1, 2, 3, 4위가 그대로 포진했다. 그만큼 남자 테니스 경기 결과는 실력 차를 그대로 반영하는 경향이 강하다. 랭킹만 보고도 그날의 승부를 거의 맞출 수 있다.

만약 남자 테니스에서 게임당 최소 4번의 득점을 3번으로 줄이면 한 번의 실수나 네트에 맞은 볼이 게임에 미치는 비중이 올라갈 것이다. 몇 번의 서비스 게임에 걸쳐 골고루 저지른 실수로 실력이 우세한 선수가 세트를 잃을 수 있다. 그만큼 젊은 패기의 도전자가 이변을 만들 가능성이 커진다.

미국의 대통령 선거제도가 분산을 높인 양궁의 세트제를 닮았다. 승자독식의 주별 선거인단은 각각의 세트인 셈이다. 윔블던 결승에서 전체 득점에서 밀린 나달이 페더러를 세트 스코어에서 앞설 수 있는 것처럼 2016년 미국 대통령 선거에서 전국 득표수에서 뒤진 트럼프가 대선을 이겨버렸다. 스포츠의 세트제는 재미를 더한다지만, 경합주에만 유세를 집중하는 미국 선거인단제도는 1인 1표의 평등과 다수결의 원칙을 위반한다. 대통령 선거가 펜실베이니아 주지사 선거 양상으로 전락한다. 시민 다수의 좌절이다.

나도 대통령은 그렇게 뽑으면 안 된다고 생각한다. 대통령 선거에서는 다수가 소수를 이겨야 한다. 불행히도 경성헌법의 강력한 제약으로 미국은 선거인단제도를 바꿀 수 없다.

그러나 결과의 평등을 인위적 개입 없이 자연스럽게 높이고 싶다면 분산을 높이는 세트제가 좋다. 인생의 고비마다 벌이는 경쟁과 경쟁 사이를 독립적으로 만드는 것이다. 첫 번째 경쟁(1세트)에서 이기고 진다. 그 결과에 따라 점수를 불평등하게 가진다. 그리고 다시 새롭게 게임(2세트)을 시작하는 것이다. 그렇게 반복한다. 그런 제도를 도입할 수 있다면 규칙의 일관성, 공정성, 투명성을 유지하고도 보다 평등한 결과를 얻을 수 있다. 재분배라는 인위적 개입의 필요성도 줄일 수 있다.

그런 의미에서 학창 시절의 실수와 실패에도 다시 똑같은 시작을 제공했던 사법고시의 폐지가 아쉽다.

분산의 세트제에서 약자의 생존전략도 보인다. 실력이 다소 떨어진다면 분산이 큰 분야가 전략적으로 더 낫다. 분산이 큰 분야의 하나가 정치이다. 공익에 대한 열정이 있다면 정치에 뛰어들어 자신의 운을 시험해 보는 것도 나쁘지 않다. 10년 뒤 누가 대통령이 될지 알 수 없기에 줄서기는 실력이 아닌 도박이다. 반대로 실력이 넘치는 자는 분산이 큰 분야를 피하는 쪽이 현명하다. 서울대학교 통계학과를 갓 졸업한 이가 정치에 뛰어들지 않는 이유이다.

분산을 높인 세트제가 약자에게 유리하기에 약자는 게임의 단순화를 거부해야 한다. 그냥 한판 대결인 전면전은 강자의 편이다. 반대로 게임이 복잡할수록 약자의 승산이 올라간다. 전선을 복잡하게 만들어 아군의 힘을 모으고(專) 적을 분산(分)시켜 소규모 전투마다 힘의 우위를 확보하는 아전적분(我專敵分)이 약자의 전략이다. 반란군이 게릴라전에 매달리는 이유이다. 사회과학 대중 교양서 쓰기는 게임을 복잡하게 만들려는 나의 노력이다. 산을 넘고 늪을 지나 측면에서 속도감 있게 분산된 소수의 적을 공격하는 독립 전쟁처럼 대중적 글쓰기는 나의 게릴라전이다.

양궁이 약자를 도와주는 우연의 평등함을 알려 준다면 축구는 문화의 힘, 손자의 혜안, 복지의 중요성을 일깨워준다.

먼저 문화의 힘이다. 과거 한국 축구의 고질적 병폐가 문전 처리 미숙이었다. 골문 앞 단독 찬스에서 스트라이커는 하늘 높이 수직으로 날아가는 멋진 독수리 슛을 쏘곤 했다. 집단책임에 익숙한 문화적 습성이 일으킨 실수로 보인다. 상징적인 예로 회사 서류의 결재란에는 칸이 많다. 혼자 서명하고 책임지는 미국식 문화와 크게 다르다. 죽어도 같이 죽자는 전통 속에서 혼자 온전히 책임져야 하는 단독 찬스는 한국 선수에게 상당한 긴장을 유발했을 터이다. 생각이 많아지니 발차기가 서툴러진다. 중거리 슛은 마음이 편하다. 엉뚱하게 날아간 볼에도 해설자는 수비로 돌아올 시간을 벌었다며 칭찬한다. 별 부담 없이 몸이 기억하는 대로 찬다. 아주 가끔 멋진 골이다. 한국의 토종 선수들과 달리 어린 시절 축구 유학을 떠난 손흥민은 선진 기술과 함께 서구의 뿌리 깊은 개인주의 문화를 체득하지 않았을까 추측한다. 단독 찬스에서 걱정 대신 바로 있을 영광에 대한 감흥으로 아드레날린이 솟구친다. 볼과 골대 안 빈 곳만이 눈에 들어온다.

다음으로 축구는 복지의 중요성을 알려준다. 왜냐하면 식물학의 최소 양분의 법칙처럼 팀 내 약한 고리의 약함 정도가 축구 경기를 좌우하기 때문이다.

강한 고리가 중요한 농구는 골잡이가 게임을 좌우한다. 농구의 신, 마이클 조던이 종종 팀을 멱살 잡고 승리로 끌고 간다. 중앙선에서 공을 받아 혼자 몰고 들어가 중거리 슛을 날려버린다. 패스는 없다. 특히 농구에서는 같은 팀의 슈퍼스타 센터 두 명이 동시에 코트에 출격하지 않는다. 상승효과가 아니라 서로를 방해할 뿐이다. 같은 맥락에서 강호동과 유재석이 함께 예능에 출연하면 하나 더하기 하나가 아니라 서로를 까먹을 것이다. 영화 『배트맨』에서 로빈이 배트맨급의 활약을 해버리면 영화는 뒤죽박죽이 되어 버릴 것이다. 이렇듯 농구, 예능, 영화는 한 명의 슈퍼스타가 전체의 성공을 좌우한다.

축구는 다르다. 전성기 메시의 종횡무진에는 FC바르셀로나의 MSN라인이 있었다. 메시에 버금가는 슈퍼스타가 함께 뛰어 주었기에 메시의 천재성이 더욱 빛이 났다. 최근까지 리버풀의 최전방 공격을 이끄는 살라의 나라 이집트는 축구 약소국이다. 살라 혼자 이집트 축구를 구원할 수 없다. 한 명이라도 수준에 미치지 못하면 빌드업은 쉽게 망가지고 상대에게 결정적인 기회를 자꾸 선사한다. 슈퍼소닉이 아닌 골잡이는 패스를 잘 넣어주는 플레이메이커와 함께 있어야 한다. 축구에서 혼자만 잘해도 티가 나는 위치는 오직 골키퍼이다. 잘하는 골키퍼는 어느 팀에서나 선방한다. 메시는 다르다.

축구가 약한 고리가 결정하는 스포츠라는 사실은 대학교 체육대회에서도 엿볼 수 있다. 학과별 대항전의 하이라이트는 축구 결승전이다. 청년은 기억을 더듬어 본다. 1, 2학년 때 참가했던 체육대회에서 정원이 많은 학과가 축구 우승을 독차지했다. 선배들도 이구동성으로 똑같은 과거를 회상한다. 패턴이다. 그럼 일반적으로 설명해보자. 학생 수가 110명인 학과와 50명인 학과가 대결한다. 공평하게도 각 학과 모두가 10명당 1명꼴로 축구를 잘한다. 대과는 11명 모두 정예선수이다. 소과는 5명의 에이스와 6명의 구멍이다. 당연히 대과가 소과를 거의 매번 이긴다.

축구 게임은 세계화의 냉혹함도 잘 보여준다. 50명의 컴퓨터공학과가 정원을 늘려 이제 110명이다. 그럼 과거 모자란 실력에도 주전으로 뛸 수 있었던 6명의 학생이 운동장이 아닌 관중석에서 응원하는 처지로 전락한다. 영 마음에 들어 하지 않는 눈치이다. 스포츠의 세계화는 과거 50명 대신 이제 110명에서 학과 대표 선수를 뽑는 것과 마찬가지이다. 과거 백인만의 메이저리그에 흑인, 히스패닉, 아시아인 등이 차례로 들어오면서 그만큼 경쟁은 치열해졌다.

조금 더 상상해보자. FIFA에서 축구 규칙을 갑자기 변경했다고 치자. 카타르 축구협회가 제공한 사치스러운 점심을 마친 위원들이 축구를 이제 11명이 아니라 5명이 하는 경기로 바꾸어 버렸다. 세계도 감독도 놀랐다. 선수 선발이 만만치 않다. 실력이 뛰어난 자가 11명이나 되는데 이 중에서 5명을 고르기가 쉽지 않다. 정말 피가 나는 훈련이고 누군가 죽어나가는 살인적 경쟁이다. 덕분에 팀 사이의 실력 차는 크게 줄어든다. 축구 결승전은 이제 예측불허이다. 이 얼토당토않은 시나리오는 AI가 불러올 세상이다. 더 많아진 후보군(세계화)에서 더 적은 소수(AI)만이 선발로 뛸 수 있기에 승자독식의 불평등은 깊어진다.

다음으로 약한 고리에 좌우되는 게임인 축구는 손자병법을 연상시킨다. 손자는 패할 수 없도록 하는 수비가 장군의 급선무라 줄곧 웅변한다. 백전불태, 부전승, 바위로 달걀 치기 등에서 보이는 일관된 손자의 정신이다. 전쟁에서 지지 않는 것은 자기 손에 달려 있고 이기기 위해서는 상대의 실수를 기다려야 한다는 손자의 전쟁론에 따르면 지키는 수비가 빼앗는 공격보다 훨씬 중요하다. 축구 통계는 이를 지지한다. 한 골을 먹지 않는 것이 한 골 넣는 것보다 승리에 더 이바지한다는 경제학자들의 연구가 있다.

그런데 손자의 나라 중국을 비롯해 축구 약소국에는 걸출한 수비수가 보이지 않는다. 축구 선진국과 달리 수비수에 대한 과감한 투자가 약하다. 수비의 중요성을 제대로 인식하기 어렵기 때문이다. 앞서 다루었듯이 부재를 느끼지 못하는 어리석음이 수비 소홀에 큰 몫을 한다. 인터뷰에서 전설적인 수비수는 태클이 필요 없는 수비가 정말 잘하는 수비라 답한다. 손자병법의 한 구절을 일깨운다. 전쟁의 신은 이겨놓고 싸워 쉬운 승리를 얻어내는 인물이다. 지피지기, 기만, 속도, 아전적분(我專敵分) 등으로 압도적 힘의 우위를 인위적으로 확보한 다음 돌로 달걀을 치듯 이기는 장수이다. 그는 선언한다. "왔노라, 싸웠노라, 쉽게 이겼노라." 그래서 그의 승리는 화려한 전쟁 영화로 제작하기가 어렵다. 마찬가지로 축구에서 수비의 신이 훌륭한 위치 선점으로 쉽게 볼을 가로채버린 탓에 관중은 일어나지 않은 위험을 알기 어렵다.

심지어 화려한 태클도 발리슛의 짜릿함에 미치지 못한다. 손흥민의 하이라이트가 김민재의 것보다 자극적이다. 일어나지 않은 일, 들어가지 않은 볼은 우리를 흥분시키지 못한다. 그렇게 수비는 방치된다.

그럼 사회는 수비와 약한 고리가 중요한 축구인가? 슈퍼스타가 혼자 드리블해서 돌파하고 3점 슛하는 농구인가? 이 어려운 질문은 바로 복지의 중요성에 관한 판단과 연결된다. 천재가 인류에게 제공한 혜택(모차르트와 베토벤의 음악)을 생각하면 강한 고리가 중요해 보이고 경제적 양극화에 따른 사회 불안을 생각하면 약한 고리에 신경이 쓰인다. 만약 약한 고리가 사회의 전반적인 생산성을 좌우한다면 축구처럼 구멍을 메우는 작업에 매진해야 한다. 고민해 볼 거리다.

종합해 보자. 축구가 복지의 중요성을 알려준다면 양궁은 복지의 방법을 알려 준다. 양궁의 세트제처럼 인생의 주요 경쟁 사이 사이를 분리하는 교육, 입시, 사회복지 제도 등은 패자 부활전을 진정 부활시킬 것이다. 이런저런 '디딤돌'의 도움으로 독립적인 경쟁이 반복되는 인생 게임은 깎아지른 불평등의 절벽이 아니라 완만한 평등의 비탈을 만든다.

그래도 용기는 각자의 몫이다. 운이 필요한 약자여! 골대를 맞고 나온 공에 의기소침하지 마라. 각도상 둥근 골대를 맞춘 둥근 공은 대부분 골문으로 들어갈 수 없다. 그러니 골대의 불운을 믿지 마라. 골대를 몇 번 맞춘 팀은 이기기도 하고 지기도 한다. 골대를 여러 번 맞추고 져 버린 팀이 기억에 오래 남았을 뿐이다. 마찬가지로 아슬아슬한 실패는 누구에게나 흔하다. 다시 시작하는 것이다.

IV

각자도생과 정치적 올바름의 모순에서 살아남기:
현실주의자의 인간관계

01

덕필불고(德必不孤):
선한 삶의 낙관주의

02

회자정리, 거자필(?)반:
헤어짐의 사회과학

03

정신 승리:
행동경제학이 알려주는 비교의 되치기

04

보원이피신(報怨以避身):
전쟁론이 알려주는 싸움의 원칙

05

헛소문에 대하여:
여론의 사회학이 알려주는 자중자애

ⅠⅤ. 각자도생과 정치적 올바름의 모순에서 살아남기: 현실주의자의 인간관계

1. 덕필불고(德必不孤): 선한 삶의 낙관주의

지금은 정치적 올바름을 외치는 각자도생의 시대이다. 이상한 조합이다. 복잡한 현실의 한쪽만을 부풀린 올바름에 복종을 강요하는 당파적 태도와 공동체를 저버리는 당당한 이기심이 동시에 칭송받고 있다. 마찬가지로 SNS의 네티즌과 혼자 술 마시는 개인 사이가 텅 비어 간다. 벌거벗은 사회이다. 그만큼 친구가 흐릿해지는 외로운 시대이다. 어린 왕자의 외로운 여우가 말을 건넨다.

> "그래, 넌 아직 나한테 다른 아이들과 똑같은 아이일 뿐이야. 그렇지만 네가 나를 길들이면 나한테 너는 세상에 하나밖에 없는 아이가 되지."

길들이기와 관계 맺기는 뇌세포 사이에 뚜렷한 길을 내는 작업이다.

이리저리 뻗은 길을 따라 특정 인물에 대한 강하고 다채로운 심리적 반응이 생긴다. 다시 어린 왕자의 빛나는 카메오 여우의 말이다.

> "난 빵을 안 먹으니까 밀밭을 봐도 아무것도 안 떠올라. 하지만 넌 금발이니까 네가 날 길들이면 금빛 밀밭만 봐도 네 생각이 나겠지. 그럼 밀밭을 지나가는 바람 소리만 들어도 좋을 거야."

여우의 좀 더 상세한 지침이 이어진다.

> "시간을 정해 놓고 오는 게 더 좋아. 만약 네가 오후 4시에 온다면 난 3시부터 행복해질 거야(택배를 받을 때 나타나는 현상이기도 하다. 처음 하루 이틀 신경도 쓰지 않다가 도착 예정 시간 근처에서 배달 상황을 자주 조회한다). 시간이 갈수록 점점 더 행복해지다가 4시가 되면 안절부절못할 거야. 하지만 네가 아무 때나 오면 난 몇 시에 마음을 준비할지 모르게 되잖아. 의식이 필요한데 말이야."

약속 시간을 정해 놓아도 결국 정확히 몇 시 몇 분에 올지 모르기에 약속 시간 근처에서 마음은 마구 흥분한다. 언제 낚일지 모르는 물고기에 집중하는 강태공의 마음이 그렇다. 심리학 용어를 빌리면 곧 문을 열고 들어올 그리운 임을 기다리는 자는 불규칙한 보상의 변동강화계획(variable reinforcement schedule)의 포로이다. 강력한 설렘과 기다림이다.

잦은 설렘 속에서 서로는 서로에게 무엇이 된다. 새로운 의미가 탄생한다. 여우의 뇌 속 어딘 가에서 금빛의 밀밭과 어린 왕자의 머리카락이 강하게 연결된다.

똑똑하고 외롭고 모험심 강한 여우는 친구 만들기의 대원칙을 천명한다.

"제발 날 길들여 줘."

"그러지 뭐. 하지만 난 시간이 별로 없어 … "

"자기가 길들인 것만 알 수 있는 거야. 그런데 사람들은 이제 그럴 시간이 없어서 뭐든 가게에서 사. 하지만 친구를 파는 가게는 없잖아? 친구를 원하면 날 길들여."

"어떻게 하면 돼."

"참을성이 많아야 해. 처음엔 좀 멀리 떨어져서 풀밭에 앉아 있어. 곁눈질로 널 볼게. 말은 하지 마. 말이란 오해를 불러오니까. 하지만 매일 조금씩 더 가까이 와서 앉아."

여우의 말처럼 관계 맺기의 근본은 바로 많은 시간을 함께 보내는 것이다. 친구는 가게에서 물건 집듯이 바로바로 가질 수 있는 게 아니다. 어렵게 조립한 DIY(Do It Yourself) 가구처럼 친구란 정성을 쏟은 타인이다. 들인 시간만큼 소중해진다.

어린 왕자는 다시 장미꽃들을 보러 갔다.

"너희는 내 장미와 닮지 않았어. 너희들은 아직 아무것도 아니야. 아무도 너희를 길들이지 않았고, 너희가 길들인 사람도 없어."

… "내 꽃 하나가 너희 모두보다도 나한텐 더 중요해. 내가 물을 주고, 고깔을 씌워 주고 지켜 준 나의 장미니까."

한비자가 소개하는 충신의 혜안이기도 하다. 오랜 탐구로 세상을 통찰한 그는 다음 과제로 요리를 배웠다. 요리사로 왕의 곁에서 많은 시간을 보낼 계획이었다. 충언을 올리기 전에 친밀해야 한다는 걸 알 만큼 공부가 깊었다.

그렇지만 왕과 선비가 친구는 될 수 없다. 친구가 되려면 가끔은 자신의 취약한 부분을 상대에게 내보여야 한다. 감추고 싶은 내면의 불편한 진실을 이야기를 할 수 있어야 한다. 세계적 팝송 〈Unstoppable〉의 노래 가사(I know, I've heard that to let your feelings show is the only way to make friendships grow)처럼 말이다. 사냥꾼에 쫓기는 여우의 신세 한탄과 고향별에 두고 온 장미에 대한 어린 왕자의 짙은 그리움을 둘은 서로 나눈다. 사실 친구란 나의 진정과 수치에 접근할 수 있는 소수이다. 그렇게 너는 나의 일부가 된다. 나도 그렇다.

미시경제학으로 여우와 어린 왕자의 이야기를 재정리해보자. 속성이 안 되는 친구 한 명 만들기에 들어가는 비용(친구한계비용)은 일정하게 비싸다. 옛날이나 지금이나 마찬가지이다. SNS도 친구 만드는 비용을 줄이지 못한다. 최소 시간을 넘어서는 비대면 접촉이 필수이다. 그런데 한 명의 새로운 친구가 주는 즐거움(친구한계효용)은 친구의 수가 더할수록 빠르게 줄어든다. 결국 합리적 개인의 친구 만들기는 한계비용과 한계효용이 일치하는 소수에 멈춘다. 마당발은 친구가 아니라 아는 사람이 많은 따름이다.

그래서 붕(朋)이 있어 자원방래(自遠方來)하면 매우 기쁘다. 근처에서 같이 시간을 보내는 직장 동료도 좋지만 뜻을 같이하는 오랜 지인은 드물다. 자신이 믿는 가치(이데올로기가 아닌)를 진심으로 공감해주는 벗이 있다면 세상의 무관심 혹은 적대를 견딜 수 있다.

연인 관계와 비교하면 친구 사이의 특징이 더욱 분명해진다. 카카오톡 프로필에 친구 D+100 표시를 본 적이 없을 것이다. 친구 사이에 날짜 표시가 어불성설이다. 연인과 달리 서로가 눈을 보고 우정을 고백하고 친구로 서로를 받아들인 날은 없다. 친구 1일은 없다. 이거나 아닌 명목 변수(nominal variable)인 연인과 달리 친구는 직선상에 어떤 값도 취할 수 있는 연속 변수(continuous variable)와 같다. 아마도 사춘기 소녀들만은 시작한 날을 따로 정할지는 모르겠다.

그런데 요즈음 들어 친구 1일이 가능한 사정도 있긴 하다. 나이가 들어 중년이 된 출세주의자들이 속성으로 친구를 맺는다. 우정주(酒)라는 것이다. 공감의 부드러움보다 거래의 우격다짐이 느껴진다. 사실 술이 친구를 만드는 데 큰 도움이 되긴 한다. 술자리가 함께라는 공동체의 느낌을 속성으로 만들어 준다는 인류학자의 연구도 있다. 그래서 고단한 삶의 아마존 벌목공들은 하룻저녁이라는 잠깐의 자유 시간에 둘러앉아 기름에 가까운 싸구려 독주를 함께 부어 마신다. 주 6일 동안의 고립에서 오는 공동체의 갈증을 해소하는 시간이다. 벌목공 집단과 달리 고도의 자본주의 문명사회에서 우정주는 그리 인간적으로 보이지는 않는다. 더 많이 가지고 싶은 거래의 욕심을 우정으로 포장한다는 느낌을 지우기 어렵다. 과연 사업적 이유가 사라져도 서로 연락하고 만나 시간을 보낼지 궁금하다. 하여튼 우정주로 맺어진 관계에서는 친구 1일을 표시할 수 있을 듯하다.

D+ 표시는 연인이 친구보다 의심과 회의에 취약하다는 사실도 알려준다. 외부적 표식은 사랑의 흥분만큼이나 차가운 계산에 따른 행위이다. "사랑이 사람을 얼마나 외롭게 하는지 모르고 하는 소리"라는 노랫말처럼 사랑이라는 이유로 일심동체를 원할수록 서로는 어쩔 수 없는 혼자임을 날카롭게 느낀다. 인간의 숙명적 외로움이 사랑 때문에 뼈저리다. 그렇게 사랑과 의심은 동전의 양면인 것 같다. 그런 회의와 의심이 자라지 못하도록 차단해야 한다. SNS가 유용하다. 둘만의 사랑을 모두가 관찰할 수 있게 공개적으로 표시하는 식이다. 이는 단순히 허세도 관종 놀이도 아니다. 차가운 계산이다. 미래의 헤어짐에 더 큰 사회적 비용(예를 들어 다수의 수군거림)이 발생하기에 사랑하는 마음이 오늘 더 믿음직스럽다.

친구도 실망은 하지만 연인처럼 롤러코스터의 일희일비는 아니다. 연인 관계는 조금만 시간이 지나도 회의감이 스멀스멀 올라오니 짧은 주기로 사랑의 묘약을 넣어주어야 한다. 한 달 동안 애인 안 하기는 이상한 짓일 뿐이다. 이와 달리 친구는 마음속에서 잠시 잊어버리고 살아도 그리 섭섭하지 않다. 앞서 여덟 번 잘했다면 다음 두 번의 만남에서 고집을 피우거나 무심해도 친구는 웃으며 넘어간다. 그렇게 친구 관계는 내구성이 있다.

그런데 친구가 사라지고 있는 듯하다. 곳곳에 퍼진 마약은 그만큼 사회 내 공동체 관계가 파괴되었다는 걸 보여 준다. 과거 술 권하는 사회였음에도 알코올 중독자가 그리 많아 보이지 않았다. 혼자 마시지 않았기 때문이다. 어쩌면 한국인은 술이 아니라 술자리에 중독되었는지도 모른다. 그랬던 우리가 비밀을 털어놓는 친구와의 술자리 대신, 이제 구글의 네모 칸에 앞에 조용히 앉아 혼자만의 고해성사로 늦은 밤을 지새운다.

친구가 사라지고 사무치는 외로움이 짙어지지만, 근묵자흑과 근주자적의 위험을 무릅쓰지는 말아야 한다. 두루미들 사이에 놀던 황새가 두루미와 함께 잡혀 버린다. 실제로 사회적 연좌제가 작동한다. 친구 탓에 너는 거무스레해지고 주변 사람들은 너를 검게 보고 그렇게 대한다. 그래서 결국 너는 진짜 검어진다.

비유를 하나 들어보자. 친구는 인생이라는 배가 떠다니게 하는 소중한 연료이다. 실제로 비싼 상업용 배는 한 가지 종류의 좋은 기름만 채우고 고급 만년필에는 한 가지 잉크만 넣는다. 인생처럼 소중한 것을 다루는 방식이다. 나쁜 친구는 나쁜 기름이다.

청년은 우상의 동굴에서 빠져나와 자신의 주위가 검다는 걸을 깨달았다. 깨어나 버린 것이다. 다시 동굴로 돌아간 청년은 따돌림이 걱정이다. 적당히 아부하고 비위를 맞추어 친구로 남는 것이 낫지 않을까? 자신의 당당함이 부담스러운 그는 공자의 다음 문구를 읽으면서 과연 그럴지 의심한다.

덕이 있는 사람은 혼자가 아니다. 반드시 이웃이 있다
(德不孤 必有隣).

청년은 꼼꼼히 뜯어 읽어 본다. 이웃이 많다는 말이 아니다. 인기 있다는 혹은 명성을 떨친다는 말도 아니다. 외롭지 않을 정도로 이웃이 있다는 말로 다시 다가온다. 옆에 누군가 있어 준다는 말이다. 이는 참으로 타당하고 그걸로 충분하다. 인기가 없어서 외로운 게 아니다. 친구가 하나도 없으면 외롭다. 배고픔을 면하게 하는 귀중한 첫술처럼 (진정한) 친구 한 명이 청년의 당당함을 지켜준다. 그렇게 생각하니 공자의 말이 수긍이 간다. 덕 있는 자가 덕 있는 자를 알아본다. 서로 친구가 되어 도가 떨어진 선동의 세상을 견딘다.

그럼 덕이란 무엇인가? 덕은 개인의 생존, 복리, 명성에 관한 관심을 넘어서는 공동체와 사실을 향한 절제되고 균형 잡힌 민감성이라 정의하고 싶다.

그대의 덕스러움이 사악한 자의 질투 혹은 공격을 불러올 것은 확실하다. 동시에 같이 한잔할 좋은 친구 한 명은 구해줄 것임도 확실하다.

그런데 덕스러운 자의 가장 큰 위협은 친구 같은 적(frenemy)이다. 뒤통수를 때리고 배 만져 주기를 반복하는 자이다. 차라리 때리겠다고 앞에서 덤비는 적은 위험하지 않다. 처음부터 조심하고 피하고 맞서는 식으로 대응하면 그뿐이다. 이와 달리 친구 같은 적은 자신의 이해관계에 따라 겉으로 완벽하게 온화한 태도를 보이는 자이다. 잠시나마 막기 자세를 풀게 만든다. 순진한 기대로 그 앞에서 속 깊은 말을 해 버리면 결정적 순간에 낭패를 볼 수 있다.

다음 우화의 말 주인이 친구 같은 적의 전형이다.

> 어떤 전사가 전쟁이 계속되는 동안 말에게 보리를 먹였다. 전사는 자기 말을 함께 고생하는 협력자로 여겼던 것이다. 그런데 전쟁이 끝나자 그 말은 천한 일에 무거운 짐을 나르며 짚만 먹게 되었다. 다시 전쟁이 포고되어 나팔 소리가 울리자 주인은 말에 굴레를 씌우고 무장한 채 그 위에 올랐다. 말은 기운이 없어서 자꾸만 넘어졌다. 말이 주인에게 말했다. "이제는 가셔서 보병들과 함께 하세요. 주인님은 저를 당나귀로 바꿔놓으시더니 어째서 다시 당나귀에서 말로 바꾸려 하세요?"

말 주인은 공동체 관계를 유지하는 것이 얼마나 어려운지 모르는 얼빠진 인간이다. 공동체 관계의 핵심은 잠시의 손해를 감수하는 것이다. 순간의 이해득실에 따라 신속하게 태세를 전환하면 공동체는 무너진다. 교환 관계가 공동체 관계로 바뀔 수 있지만 공동체 관계가 교환 관계로 변질했다가 다시 옛날로 돌아가기는 거의 불가능하다. 그런데도 말 주인 같은 직장 동료는 기분 내키는 대로 왔다 갔다 한다. 세상이 제 뜻대로 되는 줄 아는 모양이다. 그의 착각이다.

이스라엘의 한 어린이집에서 아이를 늦게 데리러 오는 부모 문제를 해결하려다 저지른 실수이기도 하다. 유치원에서 벌금을 매기니 부모는 이제 늦어도 미안해하지 않는다. 편하게 늦어버린다. 당황한 유치원은 벌금제를 다시 없앤다. 과거의 미안함을 잃어버린 학부모는 이제 공짜로 아이를 더 맡길 수 있다고 좋아한다. 한번 허물어진 공동체의 원상 복구는 어려운 법이다.

그렇지만 말 주인과 달리 친구 같은 적은 은밀하다. 그리고 우리는 우화의 말처럼 단호하지도 못하고 분별력도 없다. 자꾸 속아 넘어간다. 몇 번 더 속는 수밖에 없다.

그렇게 많이 속고 나면 결국 알아차리게 된다. 미세한 무게 차이의 나무토막을 양손에 많이 올리면 그 차이를 감각적으로 구별할 수 있는 이치와 같다. A-B=0.1, 2(A-B)=0.2, 3(A-B)=0.3인 식이다. 마찬가지로 한 번에 알아차리기 어려운 교묘한 사악함도 만남이 쌓이면서 점점 더 분명히 드러난다.

그렇게 판단이 내려지면 친구 같은 적은 가까이 두지 마라. 적을 더 가까이 두라는 이상한 조언은 배신의 유혹이 큰 음침한 사업에 종사하는 이에게나 맞는 말이다. 시간도 돈도 자원도 부족한 소시민에게는 얼토당토않다. 사람 괴롭히는 재주가 없는 너는 가능하면 스스로와 경쟁하는 직업을 구하라. 적은 최대한 멀리 두어라. 왜 일부러 스트레스를 받으려 하는가?

못된 자, 이상한 자를 요령껏 걸러냈다 해도 순탄하기만 한 인간관계는 없다. 세상이 경우의 수가 압도적인 쪽으로 흘러간다는 엔트로피는 많은 것을 덧없게 만든다. 아름다움, 건강, 행복이 그렇다. 이 모든 완벽을 무너뜨릴 수 있는 경우의 수가 참으로 많기 때문이다. 인간관계도 마찬가지이다. 관계는 시간이 오래될수록 대부분 쓴맛을 내지 않던가? 오랜 좋은 만남도 있지만 드물다. 너의 인성 문제가 아니다. 그냥 관계가 나빠질 경우가 수가 너무 많다.

이를 염두에 두되 마음 맞는 이에게 시간과 정성을 쏟아라. 직접 대면하는 우정만이 오랫동안 엔트로피를 늦출 수 있다. 흔들리지 않고 피는 꽃이 없듯이 우정에 금이 가는 건 당연지사이다. 다행히 열정적 사랑과 달리 우정은 금이 가면 접착제로 붙이면 된다.

잊지 마라. 세상에는 많은 사람이 있고 그들 중에는 너와 우정을 나눌 만한 뜻이 맞는 이는 충분하다. 이 중 몇몇을 만난다. 그걸로 족하다.

그러므로 타인의 호의적 판단에 매달리지 마라. 강의평가처럼 자신의 인생을 평가하지 마라. 높은 강의평가 점수를 원하는 영리한 교수는 버릇없는 학생을 꾸짖지 않는다. 못 본 척 넘어간다. 어색하리만큼 인자한 미소를 짓는다. 그렇다. 모두로부터 칭송받는 사람이 되는 길은 가식밖에 없다. 만약 공자가 지금 시대 대학교수였다면 강의평가 점수가 높지 않았을 것 같다. 공자는 논어 곳곳에서 정신 못 차리는 제자와 구제 불능자를 엄하게 꾸짖거나 포기해 버린다. "거만한데 곧지도 못하고, 어리석은데 공손하지도 못하고, 무능한데 신실함도 없다면, 나는 이런 사람을 어떻게 가르쳐야 할지 알 수가 없다."

그리고 공자는 "마을 사람 모두가 칭찬하는 이는 좋지 않다. 선한 사람들은 칭찬하지만 못된 이들이 욕하는 이가 참으로 좋은 인물이다"라고 가르치고 있다. 못된 자들이 너를 욕하는 것은 네가 훌륭한 인물임을 암시하는 것이다. 오히려 과잉자기애자가 너를 칭찬한다면 네가 지금 문제가 있다는 신호이다.

가려 사귀는 너는 가끔은 혼자일 때가 있을 것이다. 그때 고독(solitude)과 외로움(loneliness)을 구별해야 한다. 뭔가를 생각해내고 깨달음을 얻기 위해서는 혼자만의 시간이 필요하다. 고독해야 제정신이 돌아오기 때문이다. 이를 극적으로 보여준 인물이 바로 부처이고 예수이다. 너도 혼자가 되어 주문을 외우자. "나는 외로운 것이 아니라 고독한 것이다." 더 크고 더 올바른 생각을 위해 고의로 혼자 있는 것이다." 시인은 노래한다. "If you're going to try, go all the way … Isolation is the gift."

2. 회자정리, 거자필(?)반: 헤어짐의 사회과학

청년은 사정이 있어 서울 양재 지하철역에 내렸다. 넓은 역사의 기둥과 벽마다 결혼정보회사 포스터와 이혼 전문 변호사 광고가 아무렇지 않게 짝지어 걸려 있다. 그게 인간사인 모양이다.

사랑의 횟수는 사람에 따라 천차만별이다. 김현식의 노랫말처럼 "그 흔한 사랑 한번 못해본 사람, 그 흔한 사랑 너무 많이 한 사람"이 있는 "그것이 사랑"이다. 사랑을 방금 끝낸 자는 더 짙어진 외로움에 새로운 사랑을 갈망한다. 금단 현상이다. 그리고 이제 플러팅(꼬리치기) 기술도 늘었다. 사랑의 욕망과 능력이 사랑할수록 커지기에 너무 많이 하는 이가 나온다. 반대로 아직 시작도 하지 않은 자는 갈수록 첫사랑의 기준만 높인다. 참고 기다린 만큼 더 나은 이를 만나고 싶다. 그렇지 않으면 지금까지의 인내와 외로움은 모두 투자가 아니라 손실처럼 느껴진다. 어제의 투자를 회수해야 한다는 고집에 조금 부족하지만 괜찮은 오늘의 선택을 거부하는 매몰 비용의 오류이다. 결국 첫사랑만 점점 더 어려워진다. 악순환이다.

그런 사랑에 빠지는 모습을 크게 둘로 나눌 수 있다. 금사빠의 곡선은 경제학 교과서에 자주 등장한다. 초반 곡선의 접선 기울기가 급하다. 그(녀)와 시간을 보낸 지 얼마 지나지 않아 깊은 사랑에 빠진다. 정반대가 철벽의 곡선이다. 같이 많은 시간을 보냈어도 좀처럼 애정이 자라지 않는다. 오른쪽 그래프는 철벽의 마음이 열리는 과정을 그리고 있다. 각각의 숫자는 첫 번째 자아, 두 번째 자아, 세 번째 자아 등을 의미한다. 과거의 자아들이 함께 "바보야! 그건 사랑이야"라고 지금의 자아를 다수의 힘으로 설득한다. 마침내 철벽은 사랑임을 설득당한다. 사랑이 봇물 터지듯 넘친다.

금사빠 청년은 조금씩 마음을 내비치는 철벽 여인 앞에서 고민스럽다. 언제 방귀를 터야 할까? 그는 인식의 순서가 전반적 인상에 커다란 영향을 미친다는 사회심리학을 떠올려야 한다. 똑똑하고 차가운 자와 차갑고 똑똑한 자는 크게 다른 느낌이다. 방귀를 뀌어대면 사랑할 수 없지만, 사랑하고 나면 방귀마저 사랑스럽다. 시작하려는 연인은 시꺼먼 속을 다 보여주는 것을 진정성으로 착각하지 말아야 한다. 시작부터 생물의 날것을 사랑할 수 있는 정상인은 없다.

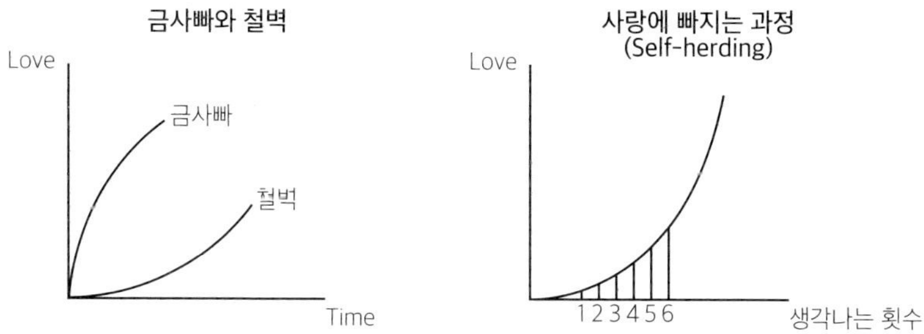

이제 단 하나의 짝을 정해야 하는 시간이다. 영혼의 단짝으로 이 정도(최소한도의 절대 점수)면 족하다는 쪽(만족자)과 상위 5%에는 속해야 한다는 쪽(극대화자)이 있다. 여기서 잦은 만남과 헤어짐을 경원시하는 사회적 터부가 없다고 전제한다. 그럼 어느 쪽이 연애 시장에서 더 유리할까? 얼핏 콧대 높은 까다로운 극대화자가 유리할 것으로 생각하는가? 아니다. 더 많은 대안을 가진 만족자를 차지하기 위해 극대화자들이 서로 경쟁한다. 불리하다.

그래도 우리의 낭만주의 청년은 자문한다. 사랑의 곡선이나 짝을 구하는 원리는 운명적 사랑 앞에서 다 쓸데없는 소리 아닌가? 그런 그의 낭만적 믿음을 깨버리는 수학 문제가 있다. 봉투에 마구잡이로 편지지를 집어넣어 하나도 짝이 맞지 않을 확률을 구하는 문제이다. 이는 눈을 감고 화살을 쏘아대는 사랑꾼 큐피드의 장난이기도 하다. 정말로 큐피드의 장난대로 사랑의 작대기가 무작위로 그어져 모두가 하나같이 운명의 그 사람을 못 만날 가능성은? 베르누이가 계산해 주었듯이 1/e(자연상수로 2.71828...)로 거의 37%에 육박한다.

운명적 만남을 제쳐두고서도 평범한 사랑을 하기도 원리적으로 쉽지 않다. 네가 우연히 그를 좋아하는 그때 그도 너를 좋아해야 사랑이다. 두 우연의 동시성이 충족될 때 사랑이 시작한다.

이는 물물교환을 닮았다. 커피를 가진 떠돌이는 홍차를 원한다. 홍차를 구하기 위해서는 여분의 홍차를 가진 커피를 원하는 떠돌이를 만나야 한다. 이런 이중적 우연의 제약에서 벗어나기 위해 시장은 화폐를 발명했다. 이제 인류는 커피를 팔아 얻은 돈으로 홍차를 산다.

그럼 사랑도 물물교환에서 화폐경제로 진화할 수는 없을까? 자신이 베푼 사랑의 신용 증서로 자신이 원하는 사랑을 구매할 수 있다면 우리는 어긋난 작대기를 그어대는 큐피트의 농간에서 벗어날 수 있지 않을까? 안 된다. 사랑의 기쁨은 관계 맺음에서 일어나기 때문이다. 원시적인 제약이 즐거움의 원천이다.

서로가 서로를 갈망하는 동시적 우연을 찬미하는 시인과 달리 종교인은 경계 어린 눈빛이다. 사랑은 소유가 아니며 소유욕은 집착을 불러와 인류애를 방해한다고 한탄할지 모른다. 만약 구별 없는 사랑(아가페)만으로 살 수 있다면-오직 어린 시절 에로스의 모든 걸 경험해버린 부처는 가능했을지 모르겠다-우리는 사랑의 물물교환을 버리고 이미 화폐경제의 연애 시장을 달성했을 터이다.

그러나 영적이면서 동시에 성적 욕망에 시달리고 욕망의 상대에게서 독점적 관심을 갈구하는 인간적인 인간에게는 가당치 않다. 사랑은 관계적 독점이다. 결국 인류가 멸종할 때까지 인간 남자와 인간 여자 사이의 사랑은 물물교환일 것이다.

그런데 사랑의 물물교환은 한 번의 거래가 아니다. 주고받기를 거듭한다. 과거의 헌신을 핑계로 오늘 소홀하기가 어렵다. 당연히 순탄하지 않다. 날카로운 마찰음이 시시때때로이다. 울고불고 난리통이고 한 바가지 가득 부끄러움이다.

만나고 헤어지기를 반복하는 사랑의 고행길에서 부처가 경고하는 두 번째 화살을 맞아 버리면 모두가 곤란해진다. 좋아하니 상대의 싫은 마음은 업신여기고 내 멋대로 해야겠다는 무서운 집착이다.

두 번째 화살의 집착은 욕망만큼이나 착각이다. 금단의 사과를 한 번도 먹지 않을 수는 있지만 한 번만 먹을 수는 없다는 격언이 있다. 꼭 그렇지 않다. 한 번만일 수 있다. 그들은 사랑의 키스를 했다. 하지만 한쪽이 다음날 생각을 고쳐먹는다. 고쳐먹은 마음은 무엇보다 단단하다. 그런데 다른 쪽은 한 번 선을 넘었으니 두 번째는 쉽다고 생각한다. 일관성도 요구한다. 잘못된 확신을 품고 저돌적으로 돌진한다. 큰일이다. 범죄를 저지르기 일보 직전이다. 꽃을 해치지 않고 꿀만 모으는 꿀벌이 너의 제정신을 다그치고 있다. 빨리 화살을 뽑고 떠나라.

마음의 함정을 피하고 다시 길을 떠난 너는 좋은 짝을 만나 사랑한다. 에메랄드빛 하늘을 우러러 사랑하였으니 행복했다는 시인의 시구를 되새김한다. 또 다른 시인의 문장도 흐뭇하다. "예쁘지 않은 것을 예쁘게 보아 주는 것이 사랑이다. 나중까지 아주 나중까지 그렇게 하는 것이 사랑이다." 사랑의 찬미에서 누가 시인을 따라가겠는가?

그렇지만 시인은 사수 틀린다. "나중까지 아주 나중까지" 그럴 수 있다고 현재 착각하는 마음이 사랑이다. 아주 나중은커녕 몇 년도 만만치 않다는 걸 미리 염두에 두지 않으면 허망한 기대로 자신과 상대 모두 괴롭다.

무엇보다 사랑 시가 그리는 남과 여는 실제 모습에서 많이 어긋난다. “자세히 보아야 예쁘다. 오래 보아야 사랑스럽다. 너도 그렇다.” 이 유명한 문장이 이상하다. 미술계를 뒤흔든 후기인상파는 자세히 보지 않아야 물체가 우리 눈에 이뻐 보인다는 원리를 간파한 미학적 천재이다. 오래 자세히 아는 사람 중에서 싫은 흠이 보이지 않는 이가 과연 있던가? 사랑의 콩깍지가 대부분 2년 안에 벗겨진다는 연구도 유명하다. 오히려 콩깍지를 대체한 비딱한 색안경이 파국을 만든다. 부정적 기대와 부정적 반응의 악순환에 빠져 예쁜 짓마저 밉게 보인다. 콩으로 메주를 쑤어도 타박할 지경이 된다.

요즈음은 콩깍지가 감정의 자연적 마모 때까지 버티기도 어렵다. 외모 지상주의를 대놓고 조장하는 인스타의 시대, 마법의 콩깍지가 오래 버틸 재간이 없다. 우리 눈앞에 매 순간 눈부신 선남선녀의 프로필 사진이 끝도 없다. 사랑에 빠진 연인에게 계속해서 퍼부어대는 비교 폭탄이다. 심지어 어떤 이는 허구적 인물에 마저 흔들린다. 극단적인 예이지만 인형이나 게임 속 캐릭터를 사랑하는 우울한 이야기도 들린다. 비현실적 아름다움이 넘치는 세상에서 눈앞의 상대에 폭 빠져 있기가 만만치 않다. 너를 사랑하는가? 사랑하고 있는 내 모습을 사랑하는가? 그리운 건 그대인가, 그때인가? 라며 자신과 상대의 마음을 추궁한다. 자꾸만 의심과 회의가 밀려온다.

과거를 회상하며 청년은 오래 보면 실망이 따를 수밖에 없음을 수용하는 현명함을 아쉬워한다. 다시 사랑한다면 그는 미학적 환상에 매달리는 게 아니라 인간적 실망에 대비할 계획이다. ‘오래 보면 그저 그래.’

순간의 설렘이 아니라 지속적인 따뜻함을 원한다면 인간의 인간적인 모습을 자각하고 있어야 한다. 사랑을 다시 시작하려는 순진했던 사람은 헌신하면 헌신짝이 된다는 다소 차가운 조언에 귀 기울이는 편이 낫다.

여러 번의 실패 속에서 청년은 사랑도 사람의 일이라 인식의 편향과 이기적 계산을 피할 수 없음을 씁쓸하지만 인정한다.

먼저 심리학이 밝히고 있는 적응의 저주가 헌신을 훼손한다. 아무리 좋은 물건이나 환경에도 우리는 이내 적응해 버린다. 사소한 불안도 제거하려 이상한 보험에 가입하는 안전 희구형이지만 배은망덕하게도 반복되는 행복을 지겨워한다. 원하는 걸 이루고 얼마 지나지 않아 '이제, 뭐하지?' 자문한다. 스스로 당혹스럽다.

(관계가 궤도에 올랐다는 조건에서) 적당한 어려움을 주어 적응의 저주를 깨는데 밀고 당기기가 참 좋다. 불규칙한 간헐적 보상의 변동강화계획이다. 변동강화계획의 포로는 사랑과 열정의 메시지가 언제 올지 모르기에 항상 핸드폰을 꼭 잡고 있다(심하게 연락이 뜸한 북유럽 연인에게는 통하지 않겠지만). 언제 잡힐지 모르는 물고기를 기다리며 찌를 응시하는 낚시꾼처럼 말이다. 오기는 온다는 믿음과 언제 올지 모른다는 무지가 간헐적 보상의 묘미이다. 몰입이다. 불규칙한 연락에 목매는 자신을 응시하며 사랑의 강태공은 그 사람을 깊이 사랑하고 있다며 혼자 감동한다.

밀당은 또한 호의가 권리로 퇴행하는 길목을 막는다. 일상적이고 지속적인 호의는 결국 받는 이의 기대를 높인다. 이는 불평과 비난의 씨앗이다. 상대는 이제 높아진 기대에 비추어 그의 행위와 사랑을 판단한다. 호의가 없음을 평범한 일상이 아니라 실망의 나날로 여긴다. 남용하지 않는 선에서 적절한 밀당은 기대의 상승을 멈춰 세우고 갈등을 부르는 권리 의식을 사전적으로 예방한다.

그렇게 사랑의 절제가 필요하다. 여기에는 기대의 상승보다 더 근본적인 인지의 비밀이 있다. 우리는 총합의 암산에는 엉터리이지만 평균(순도)의 어림짐작에는 재빠르다. 작아 못 입는 아이 옷을 이웃에 주려는 아이 엄마는 깨끗한 옷 20벌에 조금 낡은 옷 5벌을 함께 주는 것과 그냥 깨끗한 옷 20벌만 주는 것 사이에서 고민 중이다. 과감하게 20벌 더하기 5벌을 포장한다. 잘못이다. 무조건 더 많은 시간을 함께 보내야 한다는 젊은 남녀의 오류이기도 하다. 이웃에게 깨끗한 옷만 골라 주고 애인과 순도 높은 집중된 시간을 보내야 한다. 그럼 고마움도 사랑도 올라간다.

헌신하면 헌신짝 되는 경제적 이해도 심리 못지않게 타당해 보인다. 헌신이 가져오는 관계의 기회비용이다. 갑질에 진저리가 났던 천사표 남녀가 만났지만 둘 사이가 다시 갑을 관계이다. 양보와 헌신의 을은 관계의 인질(hold-up)이 되어 버린다. 관계 유지를 위해 많은 희생을 했기에 파탄에 따른 손실이 상대보다 더 크다. 이를 간파한 상대는 다잡아 놓은 물고기 취급이다. 다시 한번 을이 된 그는 업신여김에도 주저하며 떠나지 못하고 있다. 할 수 없다. 매몰 비용을 감수해야 할 순간이다. 떠나야 할 때를 알고 떠나는 자의 뒷모습이 그토록 아름다울지는 모르겠으나 분명히 합리적이다.

이상의 이야기를 종합하면 연애 사업은 잦은 실패와 아주 가끔 대박 만남이다. 이는 벤처 사업을 닮은 특징이다. 그래서 연애에 벤처의 사업 철칙을 도입하면 보다 합리적으로 시간과 감정을 투자할 수 있을지 모르겠다. 핵심은 바로 최소 실행 가능 제품(MVP, minimum viable product)처럼 초기 단계에서 빠르고 싸게 연애에 실패하는 것이다. 깊어질 사랑이 지금의 어려운 문제를 해결해 주리라는 막연한 기대 대신 잠재적 걸림돌을 바로 바로 건드려 보는 것이다. 원숭이 동상을 세울 받침대가 아니라 원숭이를 먼저 고민하는 식이다. 소심한 마음에 받침대부터 만들면 매몰 비용만 늘어날 뿐이다. 잦은 실패와 주위의 수군거림을 꺼려 말아야 한다.

그렇게 고르고 골라 시작하고 깊어진 사랑이지만 여전히 쉽지 않다. 사랑의 시작을 돕는 이런저런 플러팅 기술은 본격적인 다툼을 해결하는 데 소용이 없다. 서로를 못된 이름으로 딱지 붙이는 질타에 조용한 귀 기울임과 차분한 설득은 어림없다. 차라리 인질범을 달래기가 수월하다. 인질 협상의 달인은 돌아가 벌일 연인과의 다툼이 더 걱정이다. 최근 들어 잦은 숙제 검사 같은 말다툼 속에서 공동체 관계가 짝짝 갈라지는 중이다.

결국 청년은 사랑의 산을 올랐다 내려오는 중이다. 올라갈 때 못 본 흠결을 내려올 때 봐버렸다. 구부러진 등위의 젖은 어깨를 들썩이며 휘청 내려오고 있다. 이제 이별할 시간인지 생각이 많아진다. 그런데 때 이른 이별은 보통 시들어 떨어지는 꽃잎이 아닌 생채기 난 나무껍질이다. 마음이 뜨거워지고 식는 주기가 저마다 다른 까닭일 것이다. 그래도 청년은 과감하게 사랑의 종언을 고하고 뒤돌아 가야 할까?

만남처럼 헤어짐에 도움이 되는 훌륭한 연구가 있다. 사건에 대한 회고적 평가는 정점과 끝(pick-end)의 강도, 두 가지에 달려 있다고 심리학은 밝히고 있다. 기억을 먹고 사는 우리에게 무엇보다 끝이 중요하다. 최고의 인기곡을 떼창하고 흥분과 만족을 가지고 공연장을 떠나는 관객의 마음이 그렇다.

헤어짐의 미학

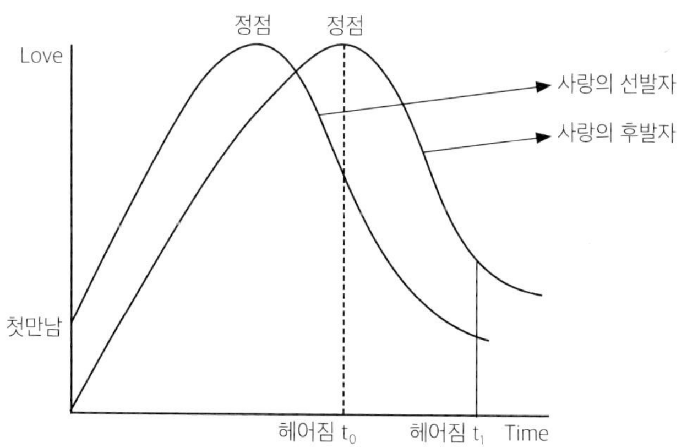

마지막에 목매는 기억의 장난질에 걸맞게 김 빼는 식의 이별을 제안해 본다. 켜고 끄기가 자유자재인 가스불이 아닌 사랑의 장작불에서 장작을 하나씩 빼내면서 불길을 줄이는 식이다.

먼저 달아오른 자는 먼저 식기 일쑤이다. 금사빠의 저주이다. 정점에 도달했던 마음은 이제 미끄럼을 타고 내려온다. 그런 사이 철벽의 상대는 천천히 하지만 지속해서 사랑이 깊어진다. 이 어긋남에서 배신과 비극의 드라마가 쓰인다.

만약 금사빠의 내리막인 그래프의 t0에서 이별을 통보한다면 상대는 주체할 수 없는 상실이다. 결정의 시간을 늘어뜨린 t1에서는 상대도 쉽게 마음을 정리할 수 있다. 그때의 사랑은 바닥에 가깝다. 이별 다음 날 아침 떠올린 사랑의 기억이 그렇게 괴롭지 않다.

늦춘 이별 가설을 지지하듯 정점을 한참 지난 오랜 연인은 헤어지고 나서 허탈한 마음을 토로한다. 그렇게 오래 사귀었는데 너무 덤덤하다는 말이다. 이는 관계가 아니라 기억의 문제이다. 절정의 순간에 헤어지는 대신 열정이 식을 대로 식어 미지근해진 관계의 끝자락에서 헤어졌기에 그렇게 기억될 뿐이다.

헤어짐의 미학을 생각하면 연애에서 하나의 역설적 가설에 도달한다. 괜찮은 이성과 괜찮을 것 같은 이성 중 누가 연애를 더 많이 할까? 괜찮을 것 같은 자는 분산이 심한 자이다. 좋을 때와 나쁠 때의 차이가 큰 인물이라 할 수 있다. 이 덕분에 그는 연애를 쉽게 시작할 수 있고 어렵지 않게 끝낼 수 있다. 괜찮을 것 같은 상대에 끌린 연인은 불쾌한 이면을 알아채고 이내 실망한다. 스스로 왔다가 홀가분하게 떠난다. 이런 일이 반복되는 괜찮을 것 같은 인물은 풋사랑에만 솜씨가 좋다.

어찌 되었든 만남보다 어려운 게 헤어짐이다.

과거 우리 민족은 헤어짐을 어떻게 대했을까? 남녀상열(男女相悅)이 꽃

핀 고려 시대 가시리의 한 구절이다.

> 잡사와 두어리마난 선하면 아니 올세라. 셜온 님 보내옵노니 나난 가시난 닷 도셔 오쇼셔 나난.

고려의 정서를 이은 김소월의 시, 개여울은 여운을 남긴 헤어짐을 애틋하게 묘사하고 있다.

> 가도 아주 가지는 않노라시던 그러한 약속이 있었겠지요. … 가도 아주 가지는 않노라심은 굳이 잊지 말라는 부탁인지요.

위에 인용한 고려 가사 「가시리」와 김소월의 「개여울」은 칼 같은 헤어질 결심과 거리가 있다. 그렇다고 발버둥도 아니다. 아주 가지는 않는다는 약속은 헤어짐의 끝을 길게 늘인다. 연장선상에서 한용운의 님의 침묵에서 말하는 거자필반(去者必反)의 믿음도 같은 마음인 듯하다. 그래도 필반은 좀 과하니 거자반반(去者半反)을 믿으면서 우리는 헤어지지 않았을까?

사실 잊기 위해 별짓 다 했다는 유행가 가사는 한국인의 전통적 정서가 아닌 듯하다. 그리 현명한 노력도 아니다. 잊고자 하는 목표를 달성했는지 수시로 점검하는 반추의 역설 때문이다. 잠들어야 한다는 강박에 자기가 잠들었는지 자꾸만 살피는 다음 날 아침 일찍 먼 길 떠나야 하는 나그네의 마음 졸임이다.

아주 가지는 않을 거라며 헤어짐의 여운을 남길지라도 떠오르는 추억에 속지는 마라. 우연히 그 장소를 지나는 순간 과거의 기억이 펑펑 올라온다. 기억의 고인 물을 퍼 올리는 마중물이 바로 추억 어린 장소이다. 추억이란 게 고전적 조건 형성에 다름 아니기 때문이다. 헤어지고 하도 울었기에 이제는 울면 그 사람이 생각나는 식이다. 장소나 날씨와 밀접히 연결된 슬픈 추억이란 종소리에 파블로프의 개가 흘리는 침과 같은 것이다. 너무 슬픔에 잠기지 마라.

그렇게 있기도 사실 어렵다. 이 또한 빠르게 지나간다. 왜냐하면 복잡한 일상이 우리를 쉴 새 없이 자극하기 때문이다. 완벽한 행복이 없듯이 완벽한 불행도 없는 법이다. 오늘 한없이 슬퍼도 내일이면 차에 난 흠집이 너의 신경을 건드릴 것이다. 이웃의 층간소음에 조용히 슬퍼할 겨를도 없을 것이다. 황동규의 「즐거운 편지」를 약간 고쳐 쓴다. "슬픔을 너무 슬퍼하지 마라. 내 슬픔도 어디쯤에선 반드시 그칠 것을 믿는다. 그동안에 눈이 그치고 꽃이 피어나고 낙엽이 떨어지고 또 눈이 퍼붓고 할 것을 믿는다." 그렇게 많은 날을 살아낼 것이다.

그래도 계속 미련이 남는다면 차갑게 계산해 볼 것을 제안한다. 사랑은 재점화가 마음대로인 가스 불이 아니라 정성을 들여 피우는 장작불이다. 이슬 맞은 타다 남은 장작의 꺼진 불은 그냥 꺼진 불이다. 다시 불붙일 정성으로 새로운 짝을 찾아 나서면 또 다른 좋은 사랑을 할 수 있다.

헤어짐을 대하는 태도를 맹자의 교육 철학이 제대로 알려준다. 거자불추(去者不追)의 정신이다. 배우겠다는 마음이 없는 자를 가르쳐 본 적이 있는 누구나 고개를 끄덕이리라. 서양 속담처럼 마부는 말을 물가로 인도할 수 있을 뿐이다. 물을 마실지 말지는 말의 몫이다. 가르침도 이러한데 자발성이 전부인 사랑이야 말해서 무엇 할까?

그러므로 방금 헤어진 그대, 새로운 사랑을 시작하라. 권력이 진공을 모르듯 마음은 공허를 모른다. 비울 수 없는 게 마음이다. 새 사랑으로 옛사랑을 밀어내라. 그렇게 사랑을 다른 사랑으로 잊어라.

3. 정신 승리: 행동경제학이 알려주는 비교의 되치기

객관적으로 객관적인 세상일은 거의 없다. 이를 법구경은 절묘하게 표현하고 있다. "잠 못 드는 사람에겐 기나긴 밤이여, 지친 나그네에겐 머나먼 길이여." 이처럼 각자의 처지에 따라 세상이 달리 보이는 법이다. 고은의 시처럼 "올라갈 때 못 본 그 꽃을 내려갈 때 보는" 이치이다.

영화 『마이 리틀 자이언트』의 거대한 거인은 다른 거인에 비교하면 난쟁이처럼 보인다. 100일 기념일에 너무 큰돈을 써버린 애인은 200일을 기념하기가 부담스럽다. 이 고민을 안고 그는 잠시 비를 피하려 카페에 들어갔다. 그치면 가야지 했는데, 비가 이제는 억수로 내린다. '바로 전 보슬비를 왜 피했을까?' 비교에서 오는 후회이다.

같은 자극이 각자의 처지에 따라 다른 느낌이다. 아름다운 경치가 펼쳐지는 가을 산에 단풍놀이 나온 차들로 교통체증이다. 청년은 만원 버스 안이다. 앉아 있는 승객들은 밝은 표정이다. 버스의 거북이걸음에 스치듯 지나가지 않아 가을 산을 만끽한다. 하지만 땀 흘리며 힘겹게 서 있는 그는 빨리 이 아름다운 길을 지나길 바란다.

마음도 요물이지만 세상사가 다차원적이고 애매모호하고 복잡하다. 혼잡한 지하철 안 피곤한 뚜벅이는 의문에 빠진다. 어디에 서 있는 자가 빈자리에 대한 권리를 가지는가? 자리와의 거리인지 자리를 기다린 시간인지도 궁금하다. 자리 앉기에 실패한 그는 서서 생각에 잠긴다. 어제 지원자는 리더십이 있는가? 그 여인의 사랑은 깊은가? 나는 열심히 살고 있나? 나는 유머 감각이 있는가? 그의 웃음은 비웃음인가, 편한 친근함인가? 이런 생각 속에서 펼친 신문은 북한의 미사일 실험을 평화공세라 규정한다. 그래도 손흥민 선수가 월드클래스임에는 더 이상의 논쟁은 없다.

애매모호, 복잡, 다차원의 세상사이기에 판단이 어렵지만 그만큼 보고 싶은 대로 볼 수 있는 빈틈이 많다. 이를 잘 이용하면 정신 승리가 가능하다. 특별히 이것저것과 이 사람 저 사람과 비교하는 비뚤어진 마음의 되치기를 제안하고 싶다. 비교의 되치기를 통한 정신 승리는 그냥 막무가내로 믿고 사실을 무시하고 환영을 보는 광신도의 정신병과 다르다. 뇌에 탑재된 비뚤어진 인식편향을 스토아적 담담함을 위한 무기로 활용하는 것이다. 그래서 세상을 좀 더 편안하게 인식하는 것이다.

비교는 일반적으로 나쁘다고 정평이 나 있다. 비교가 한국인을 잡긴 한다. 술에 취해 늦은 밤거리를 걷는 게 겁나지 않는 극소수의 나라 중 하나인 한국이 헬조선으로 변한 데는 한국인의 비교하는 마음이 큰 몫을 한다. 너무 끈끈하게 연결된 단일민족이라 그런지 모르겠으나 비교와 질투가 유독 심하다. 부른 배가 아파 죽는다는 볼멘소리가 여기저기다. 그리고 엄마 친구의 친구 아들과 딸은 스트레스 기계이다. 집에 찾아온 엄마 친구는 자기 친구 자식(엄마는 모르는 타인의 자식) 이야기로 비교의 오지랖 신공을 펼친다. 엄마 친구가 비교를 난사한다면 페이스북은 비교의 우울 폭탄을 퍼 붇는다. 은둔형 외톨이는 여행지에서의 말다툼은 쏙 빼고 애인과의 인생샷만 올린 초등 동창의 페이스북에 눈길이 멈춘다. 보이고 싶은 것만 보여주는 미필적 거짓말의 세상에서 외톨이는 의기소침이다. 만인에 대한 만인의 비교로 모두가 지친다.

비교를 멈출 수만 있으면 좋으련만 멈출 수 없다. 자각하지도 못하는 찰나의 비교에서 순간순간 느끼는 행불행은 피할 수도 막을 수도 없는 본능이다. 2 더하기 2를 듣는 순간 4가 떠오르는 것과 같은 자동 반응이다.

그러므로 차라리 비교의 마음에 올라타자. 비교의 기준점에 따라 대상에 대한 평가가 달라지는 변덕스러운 마음을 정신 승리의 무기로 이용해보자는 것이다. 몇 가지 제안이다.

첫째, 유리한 분모를 선택하라. 청년은 버스에서 내리면서 실수로 다른 신용카드를 찍어 버렸다. 정규 요금을 두 번 내 버린 잘못이다. 속이 쓰린 청년은 이럴 땐 술자리를 상기한다. 술꾼인 그는 술값을 만 원 단위로 계산하기에 뒤에 붙는 숫자는 별로 신경 쓰지 않는다. 비율로 생각하기 때문이다. 분모가 크고 작아지면서 비율이 달라진다. 술자리의 몇천 원은 작아 보인다. 몇천 원짜리 실수 때마다 청년은 남기고 간 생고기 안주를 생각하며 분모를 키운다. 자주 벌이는 어리석은 낭비를 이용해 되찾는 마음의 위안이나.

특별히 큰돈을 버는 운동선수는 분모를 기억해야 유혹을 이길 수 있다. 자신의 전체 소득을 변하지 않는 뒷배경으로 치부하지 말고 분모로 이용하는 방법이다. 선수 생활 동안 그리고 명예로운 은퇴 이후 벌어들일 수입에서 차지하는 비율로 계산하면 몇천 심지어 몇억의 검은 유혹은 깨끗이 사라질 것이다.

비교하는 마음의 무서운 반작용이 부당함에 대한 분노이다. 가만히 혼자 걷다가 생각한다. '이렇게 잘했는데 내가 저 사람보다 적게 받다니.' 화가 난다. 그럴 때마다 분모를 이용해서 마음을 진정시켜라. (미국이 아닌 한국이라면) 전체 월급에서 그 차이를 느껴보라. 장담하건대 비율이 사소할 것이다.

둘째, 모르는 게 약임을 알고 실제 비교 대상인 동문의 소식을 쓸데없이 구하지 마라. 그리고 동문회는 제발 돈 들여 소식지를 만들지 마라. 서로 이용하지도 않는 단톡방도 좀 만들지 말라.

어디서 누군가 큰돈을 번다는 뉴스가 차고 넘치는데 소식지가 대수인가라며 반문할 수 있다. 그런데 한번 생각해 보라. 우리는 세상 사람 모두를 비교의 대상으로 삼지 않는다. 대통령이나 유명 연예인은 우리의 비교 대상 밖이다. 그래서 우리는 별다른 질투심 없이 엄청난 출연료의 예능프로그램을 시청한다. 대통령의 국빈 방문을 부러워하지 않는다. 아프리카, 중앙아시아, 남미의 실패한 국가의 굶주린 시민과 비교하며 지금의 어려운 삶을 감사해하지 않는다.

그럼 누구와 비교할까? 선물을 대하는 마음이 힌트를 준다. 립스틱을 양복과 비교하지 않는다. 립스틱은 립스틱과 비교한다. 그중에 최고면 그냥 최고의 선물이다. 평범한 양복에 비할 수 없이 저렴하지만, 누구도 양복 가격에 비추어 립스틱 선물을 평가하지 않는다.

선물처럼 우리는 자신을 경계가 뚜렷한 하나의 범주 안에 집어넣는다. 그리고 같은 범주에 속한 사람들과 비교한다. 자신의 조건을 대부분 공유한다고 믿어지는 집단이 비교의 대상이다. 예를 들어 같은 학교에 다닌 비슷한 나이 때의 동문이다. 자신이 속한다고 믿는 비교집단의 구성원보다 낫는지, 못한지에 따라 자신의 처지를 판단한다. 이렇듯 사회적 비교는 극히 국지적이다.

한국이 세계적인 선진국이지만 젊은이들 사이에 헬이라는 말이 나오는 이유이다. 경제발전 수준에 걸맞지 않게 전통적 가치(위계적 지위에 대한 갈망)에 집착하는 한국인은 매우 희소할 수밖에 없는 것(학벌, 대기업 이사, 외제 자동차, 강남 아파트 등등)을 두고 비슷한 처지의 동년배와 극심한 경쟁을 벌인다. 유럽과 일본의 많은 젊은이의 인생 목표가 자아실현이라는 연구 조사와 대조적이다. 고등학교와 대학교 동문 중 소수의 승자에 비교당한 다수의 좌절 속에서 한국은 심리적 헬이 되어 버린다.

비교의 어리석음이 북한이 무너지지 않는 이유이기도 하다. 사회주의 문명국 건설이라는 김정은의 통치 노선은 평양만 관리하겠다는 북한식 과장이다. 수령의 은사를 받는 평양이지만 여전히 식수 구하기가 하늘의 별 따기이다. 그렇지만 평양의 생활 수준은 다른 북한 지역에 비할 수 없을 정도이다. 그런 평양 시민은 누구와 자신의 처지를 비교할까? 만약 평양 주민이 서울 시민을 진심으로 부러워했다면 수령의 북한은 이미 끝났다. 대신에 그들은 자국의 불가촉천민을 보며 자위하지 않을까?

국지적 비교의 어리석음을 종합하여 하나의 행동 지침을 제안하고 싶다. 자의 반 타의 반 비교의 쓰나미 속에도 아직 근성 있게 꿈을 좇는 그대여, 동문 소식지는 받는 즉시 휴지통에 집어넣어라. 자아실현의 꿈에 매진하는 네가 얼마 동안의 쓸데없는 심란함을 피하는 길이다.

무엇보다 꿈이 다른 동문은 너의 비교 상대가 아님을 잊지 마라. 누가 뱁새인지 황새인지는 알 수 없으나 다른 종임에는 분명하다. 쫓아갈 필요가 없다. 네가 하는 인생 게임이 무엇인지 잊지 말고 다른 게임을 하는 자와 비교하는 어리석음을 피하라. 청년의 이야기를 쓰고 있는 나는 뜨거운 여름날 슬리퍼를 신고, 노트북을 들고, 혼자서 여기저기 다닌나. 비싼 구두와 양복이 필요 없는 삶이다.

셋째, 죽음을 상상하라. 너는 사망했고 저승에서 이승의 세상을 바라본다고 상상하라. 궁극의 비교는 죽음이다. 의사의 오판으로 죽음을 잘못 실감하고 나면 진정 인생에 중요한 것들과 하찮은 것들이 분명히 구분된다. 스트레스가 사라지는 마법이다. 그래서 스티브 잡스는 졸업식 축사에서 죽음이야말로 삶의 최고 장치라고 칭송했다.

명상록의 지침대로 이미 죽었고 지금은 여분의 삶이라는 주문을 반복하라. 가까스로 죽음을 모면한 이들이 처음에 보여 주는 여유로움을 너도 잠시나마 얻을 수 있다. 범사에 자연스럽게 감사하게 된다.

만약 정말로 죽음의 문턱까지 갔던 날이 있다면 그날을 가상의 제삿날로 정해 1년에 한 번씩 주도하라. 추도식의 도움으로 그때의 감사함을 일깨우라.

넷째, 속 쓰린 낭비를 회계 처리하는 마음의 심리계좌를 개설하라. 마음속에는 각자가 만든 많은 방이 있고 방들은 서로서로 단단히 분리되어 있다. 그래서 소비자는 가끔 이상한 선택을 한다. 그는 안경 심리계좌에 책정한 최대예산으로 구매한 30만 원짜리 선글라스를 다음 날 바로 잃어버렸다. 햇볕이 강한 그날 오후 그는 안경원 대신 모자가게를 들른다. 왜냐하면 이제 선글라스의 가격이 60만 원처럼 느껴지기 때문이다. 만약 지갑 속 현금 30만 원을 잃어버렸다면 그는 원래 계획한 선글라스를 주저 없이 샀을 것이다.

카카오페이의 시대에도 포장된 선물에서 느끼는 큰 고마움은 마음의 방이 존재함을 간접적으로 증명한다. 자유주의 경제학자들은 선물 대신 현찰을 주는 것이 받은 이에게 더 도움이 된다고 주장한다. 현금을 통해 자신에게 가장 필요하고 적합한 재화와 서비스를 구매할 수 있기 때문이다. 자기가 원하는 것을 자기보다 더 잘 알 사람은 없다는 어쩌면 당연한 가정에 서 있다. 과연 그럴까? 청년은 개인적으로 문방사우에 관심이 많다. 그런데 좋은 문방사우의 가격은 그가 편안한 마음으로 살 수 있을 정도를 한참 벗어나 있다. 돈 문제가 아니다. 심리 문제이다. 사실 술자리를 한두 번 포기한다면 문방사우값을 마련할 수 있다. 하지만 그의 마음속에는 문방사우의 회계장부가 따로 있다. 그리고 음주 장부에 남은 돈이 문방사우 장부로 넘어가지 못한다. 비싼 노트는 내돈내산의 심리적 마지노선을 넘어선 가격이다. 이런 심리적 곤란함이 있기에 누군가 선물한다면 참 기쁜 것이다.

예상치 못한 어리석은 낭비로 속 쓰린 그대여, 문방사우를 못 사게 하는 마음의 방을 되치기하자. 피치 못하거나 의도치 않은 낭비를 한쪽 구석에 자리한 마음의 방에 보내는 식이다. 인맥을 다지기 위한 청년은 마음의 술방을 이용한다. 사업상 필요한 이들과 어울리기 위해 청년은 비싼 밥자리에 참석해야 한다. 주기적으로 번갈아 가면서 낸다. 평소 검소한 그는 마음이 불편하다. 그는 이 같은 사치를 술방으로 보내버린다. 마음속 술방의 한 달 치 술값이 금세 꽉 찬다. 자연스럽게 술 소비도 크게 준다. 일거양득이다.

술방만으로 부족하면 아예 새롭게 방을 만들어 거기에 일정 예산을 심리적으로 배정해 버려라. 예를 들어 영화 『범죄도시』에서 용의자의 실토를 받아내는 진실의 방을 마음에 하나 만들자. 세상의 진실을 알기 위해 들어가는 비용을 회계 처리하는 방이다. 예를 들어 좀 더 친해지기 위해 오늘 근사한 저녁을 지인에게 대접했다. 그런데 바로 그 자리에서 그가 너를 얼마나 가볍게 여기는지 알아버렸다. 진실의 방에서는 잘못된 만남의 비싼 밥값이 어리석은 낭비가 아니라 진정한 친구를 찾기 위한 합리적 탐색 비용으로 탈바꿈한다. 속쓰림을 피하고 수업료라고 자위하기가 훨씬 쉽다.

다섯째, 낯선 타인의 불행을 검색해서 범사에 감사하라. 범사를 그 자체로 감사하기는 어렵다. 자신에게 아직 발생하지 않은 불행을 상상하기가 쉽지 않다. 이때 빈약한 상상력을 보완하기 위해 검색엔진의 도움을 구하자. 이는 타인의 어리석은 불행을 네이버에서 검색해서 자신에게 무슨 나쁜 일이 일어나지 않았는지 등골이 오싹하도록 느끼는 것이다. 수치스러운 실수가 아직 없음을 깨닫게 되고 평범한 오늘에 감사한 마음이 생긴다. 이제 오늘은 어제의 반복이 아니라 엄청난 불행이 없는 다행한 하루로 새롭게 다가온다.

이에 더해 범사에 감사하기 위해 과거의 고통을 주기적으로 재생시켜라. 걱정하지 마라. 트라우마 대신 고마운 마음이 올라올 것이다. 자주 그때로 돌아가라. 무엇이 너를 심하게 괴롭혔다. 그런데 괴롭히던 것이 지금 사라졌다. 곤란함이 사라진 평범한 오늘이 너무나 고맙다.

결국은 정신 승리를 넘어 정신 무장이다. 비교의 되치기를 넘어 너와 나는 잊지 말아야 한다. 진짜 중요한 것은 (남들) 눈에는 보이지 않는다는 어린 왕자의 속삭임을. 의미 없는 수많은 만남 속에서 서로의 인생을 비교하다 보면 보(이)지 않는 걸 존재하지 않는 것으로 여기는 마음의 함정에 쏙 빠진다. 눈에 보이는 측정하기 쉬운 범주에 매달린다. 돈, 지위, 아파트 평수와 위치 등은 셀 수 있고 잴 수 있는 것들이다. 이것들은 재미있고 의미 있는 삶의 빙산의 일각일 뿐이다. 바다 밑 커다란 꿈은 남들 눈에 보이지 않는다. 그런데도 비교에 정신이 팔린 자는 겉으로 보이는 비교 가능한 것에만 집중해 너의 인생을 재단하겠지만, 내버려 두어라. 그 앞에서 사라져라. 자기 기준에서 볼 때 초라해야 하는 너의 당당함에 비교쟁이는 짜증이 난다. 못된 잔소리를 날릴 게 뻔하다.

이 모든 심리적 방어에도 불구하고 인생의 부조리함이 가끔 우리의 폐부를 깊이 찌른다. 인생이 커브볼을 던지며 너의 방망이질 실력을 저울질한다. 가끔은 몸에 맞는 볼도 날아온다. 다친다.

그런 부당한 일에 너무 절망하지 않기 위해서 무엇보다 세상이 정의롭다는 엉터리 세계관을 버려라. 불운과 부정의는 사람을 가리지 않는다. 무작위적이다. 만약 네게 아직 부당한 일이 일어나지 않았다면 지금껏 아주 운이 좋았을 따름이다. 진인사대천명(盡人事待天命)해야 하는 이유이다.

이런저런 자구책에도 주의사항을 하나 덧붙이고 싶다. 일시적 괴로움이 아닌 실존을 위협하는 곤란으로 절망하는 너에게도 타인에게도 정신승리를 강요하지 마라. 분명한 인간적 한계치가 있다. 이의 극적인 묘사로 성냥팔이 소녀의 마지막이 너무 슬프다. 힘들게 하루하루를 견디는 소녀의 비극은 그날 절정을 향한다. 모자도 없고, 크기도 맞지 않은 신발마저 도둑맞고 그녀는 무심한 사람들로 가득한 차가운 거리를 헤맨다. 성냥의 초라한 따뜻함과 겨울 밤거리의 거침없는 추위가 대조되고 여기에 정신을 잃어가고 있음을 암시하는 독백이 더해지니 독자는 눈물을 흘린다. 그녀는 말한다. “나는 맛있는 음식을 생각하면 춥지 않아.” 맛있는 음식을 생생하게 상상하다 얼어 죽는다. 한겨울 찬 바람을 막아서는 성냥불처럼 우리는 한없이 연약하다.

4. 보원이피신(報怨以避身): 전쟁론이 알려주는 싸움의 원칙

노자의 보원이덕(報怨以德)을 묻는 제자에게 공자가 되묻는다. 하이보덕(何以報德)? 덕은 무엇으로 갚을 것인가? 대신 공자는 보원이직(報怨以直)을 제안한다. 상대의 잘못을 밝히고 이를 공개적으로 판결함으로써 정의를 세우는 행위(vindictive justice)라는 현대적 해석이 가능하다. 함무라비 법전은 다른 방식을 명령한다. 보원이원(報怨以怨)이다. 이는 과거의 잘못을 교정하는 정의(corrective justice)라 할 수 있다. 법은 두 가지 정의를 모두 실행해야 한다.

나는 청년에게 보원이피신(報怨以避身)을 제안한다. 사실 이 제안은 정의보다는 현명함의 범주에 속한다. 싸우기 전에 계산하라는 손자병법을 뇌새김하면서 얻은 방침이다.

명심하라. 공자가 말하듯 너의 임무는 막중하고 갈 길은 멀다(任重道遠). 그런 네가 정의의 화신이 되어 세상의 부당함에 일일이 다 맞서다가는 얼마 못 가 쓰러진다. 못된 자, 이상한 자와의 조우에서 조그만 손해도 보지 않겠다고 긴장하는 것은 전쟁 같은 인생에서 중도하차의 지름길이다. 왜 가열찬 투쟁이 아니라 피신이 대체로 최선인지 따져보자.

무소불비무소불과(無所不備無所不寡)이다. 모든 걸 다 대비한다는 건 하나도 제대로 대비하지 못하는 것이다. 개가 짖을 때마다 응수했다면 여기까지 올 수 없었다는 처칠의 말처럼 각각의 전투가 아니라 전체 전쟁이 중요하다. 사는 동안 이루고 싶은 소명을 생각할 때, 잦은 다툼의 기회비용이 아주 비싸다. 시간, 돈, 감정 에너지 등 많은 걸 너에게서 빼앗아 간다. 이기고도 지는 것이다. 소탐대실이다. 본전 생각 대신 적당한 불편함과 손해를 수용하는 편이 먼 길을 가야 하는 너에게 나쁘지 않다.

조금 과격하게 말하면 싸우기 위해 싸우는 자는 결과보다 자기 위로를 우선시하는 심약한 자이다. 월드컵 승부차기에서 확률이 더 높은 가운데보다 실축이 잦은 구석만을 고집하는 마음과 비슷하다. 실패했을 때 그래도 노력했음을 타인에게 인정받고 싶은 마음이다. 팀의 승리보다 나의 안전을 우선시하는 이기적 계산이다. 진정한 고수는 가끔 중앙으로 다소 느리게 볼을 찬다. 확률을 믿고 욕먹을 각오가 서 있을 때야 비로소 가능한 선택이다. 마찬가지로 타인에게 자신의 용감성을 증명하려는 마음을 버릴 때야 비로소 세상의 조롱과 시비를 무시할 수 있다.

그렇게 현명하게 싸움에서 벗어나려는 청년 옆에서 과잉자기애자가 값싼 정의감을 부추긴다. "참 기분 나쁘겠다. 저항해야 하지 않나?" 싸움을 피하려는 청년을 곁눈질로 질책한다. 자신의 불만을 다른 이의 손으로 해결하고자 하는 차도살인(借刀殺人)을 노린 영악한 술책일 뿐이다. 흔들리지 않는 청년은 손자병법의 핵심을 되새긴다. 쉽게 이길 계산이 안 되면 처음부터 싸움을 피하라.

세상사 대부분은 만인에 대한 만인의 투쟁이 아니다. 배신이 절대적인 일회성 죄수의 딜레마 게임이 아니다. 눈앞의 상대를 반드시 이기겠다는 고집에 제 살 깎기는 어리석은 짓이다. 고육지책은 둘만의 세상에서만 타당하다. 단순다수제가 유인하는 양당제의 한국 정치만이 분명한 양자 대결이다. 이처럼 특수한 경우를 제외하고 양자만의 갈등과 대결은 매우 드물다. 심지어 국가 사이의 갈등마저 그렇다. 어느 국회의원은 대정부 질문에서 노재팬 운동의 성과를 주장하면서 우리보다 일본이 더 손해를 보았다 자평한다. 사실이라면 일본에 대비한 한국의 상대적 이득(손해의 차이에 따른 이득)인 셈이다. 그런데 제살깎기의 한일전은 옆쪽과 위쪽 다른 나라들의 어부지리이다. 이렇듯 손해를 감수하고 얻은 상대적 이득(이름만 이득이지 여전히 손해)은 대부분 어리석은 손해에 불과하다.

눈앞에 미운 놈만 보고 사는 이에게 들려주고 싶은 우화가 있다. 러시아 시골 농부가 밭일하다 마법의 램프를 주었다. 램프의 지니가 말했다. "주인님의 소원이 무엇이든 그 두 배를 이웃 빅터에게 해 주겠습니다." 빅터가 미워죽는 농부는 고민 끝에 음흉한 미소를 짓고 자기 눈알 하나를 빼라고 명령한다. 농부의 착각이다. 세상에는 미워서 죽는 빅터만 사는 게 아니다. 옆 마을의 두 눈 멀쩡한 음흉한 알렉세이가 호시탐탐이다. 외눈박이의 어리석은 농부는 며칠이 지나고서야 망했음을 깨달았다.

이렇듯 미운 놈과의 싸움은 부질없다. 꿈이 있는 자에게 하찮은 싸움은 잃어버릴 시간이고 집중력이다. 지우학(志于學), 이립(而立), 불혹(不惑)의 시간을 보내고 마침내 가지게 된 큰 꿈을 되새김하는 어른에게 과잉자기애자의 조롱과 멸시는 잠깐의 성가심으로 이내 정리된다.

그래서 꿈에 사로잡힌 너는 피하고 피한다. 유한한 시간을 사는 필멸자임을 잊지 않았기에 너는 피한다. 너만의 인생 전투에 매진하고 있기에 못된 과잉자기애자를 만나면 즉각 퇴장한다. 그것도 우아하게 물러선다. 그에게 모욕도 주지 않는다. 안 그러면 그는 달려든다. 당장에 네가 이겨도 문제다. 왜냐하면 싸움은 보통 한 번으로 끝나지 않기 때문이다. 1라운드에 패배한 과잉자기애자는 언젠가 돌아와 너의 약점을 물고 뜯는다. 원래 젊잖지 않은 자는 끝까지 지지분하게 군다. 거기에 너의 소중한 기만 축난다.

현명한 너는 "잘못했음" 네 글자를 구하지 않는다. 그에게 잘못을 일깨우는 어리석은 수고도 하지 않는다. 과잉자기애자는 자기 위주의 정당화에 능숙한 인물이라 설득도 반성도 교정도 없다. 그는 개차반의 행동을 형식을 거부한 소탈하고 인간적인 접근이라 힘주어 떠든다. 간사한 웃음과 인자한 표정이 하나의 얼굴에 중첩한다.

익숙해질 거라고 착각하지 마라. 숨길 수 없는 그의 교만하고 대놓고 무시하는 태도는 층간소음의 일종이다. 무신경해지지 않는다고 너를 자책하지도 마라. 적응 안 되는 건 안 되는 것이다.

잘못했음을 자백받는 보원이직이 어렵다면 보원이원은 위험하다. 눈에는 눈 이에는 이(tit-for-tat)가 협동의 최고 전략이라고 갈등 연구는 밝히고 있지만 일상의 경험은 이와 자주 다르다. 컴퓨터 게임이 아닌 사람 사이의 즉각적인 응징은 징벌적 균형 대신 다툼을 나선형으로 키울 뿐이기 때문이다. 다시 이솝에서 답을 찾는다.

> 헤라클레스가 좁은 길을 지나가다가 땅 위에서 사과처럼 생긴 것을 보고 그것을 으깨려 했다. 그것이 두 배로 불어나는 것을 보고 헤라클레스는 더 세게 밟고 몽둥이로 쳤다. 그러자 그것이 더 크게 부풀어 오르더니 길을 막았다. 헤라클레스는 놀라서 몽둥이를 내려놓고 쉬었다. 그때 아테나가 나타나 그에게 말했다. "오라버니, 그만두세요. 그것은 말다툼과 불화인데, 가만히 내버려 두면 처음 그대로 머물러 있지만 건드리기만 하면 이렇게 부풀어 오르지요."

단편소설 『대자』에서 톨스토이도 이를 절묘하게 이야기하고 있다.

> 소나무 가지에 밧줄이 단단하게 매어져 있었으며 밧줄에는 3 푸트 정도 무게의 참나무 토막이 매달려 있었다. 그런데 나무토막 밑에는 꿀이 담긴 통이 놓여 있었다 … 나무토막이 앞뒤로 가볍게 흔들리며 새끼 곰들을 살짝 건드리기 시작했다. 이것을 본 어미 곰

은 앞발로 나무토막을 밀어젖혔다. 그러자 나무토막은 … 한 가운데로 날아왔다. … 어미 곰은 으르렁거리며 나무토막을...힘껏 멀리 밀었다. … 극도로 속도가 빨라진 나무토막이 어미 곰을 덮쳤다. 어미 곰은 … 부르르 떨더니 숨이 끊어졌다.

화가 더 큰 화를 불러오는 이유를 행동과학이 설명해주고 있다. 친구는 장난으로 놀이공원의 주먹치기 기계가 측정한 강도 100으로 상대를 때렸다. 이득이다. 상대는 맞았다. 고통이다. 고통의 절댓값은 100을 훌쩍 넘는다. 맞은 느낌대로 150의 강도로 보복한다. 맞은 이는 200의 아픔을 느낀다. 아픔을 준 자와 받은 자 사이의 심리적 비대칭성으로 인해 장난질은 험악한 주먹싸움으로 돌변한다.

더 크게 느껴지는 당한 고통과 함께 상대의 인신공격에 아드레날린마저 솟구친다. 흥분한 욕받이의 시야는 극도로 좁아진다. 상대의 입만 보이고 말만 들린다. 눈빛과 표정에서 상대의 숨은 의도를 읽어내는 능력은 머릿속에서 사라진다. 일시적 자폐아가 된다. 욱한다.

시간을 버는 수밖에 없다. 자기 거리두기(self-distancing)가 좋다. 잠깐의 시간과 조금의 시야를 얻을 수 있다. 자극과 감각 사이에 끼인 자아를 스스로 관찰하는 것이다. '아 홍길동(자기 이름)은 지금 화를 내고 있구나.' 자기 관찰의 독백이다. 감정의 반응 속도를 늦출 수 있다. 인지 회로를 한 번 더 거치는 짧은 순간이 감정적 반응에 더해진다. 그렇게 순간의 1분을 느린 60초로 만드는 기적이 만들어진다. 그럼 다툼의 배경이 눈에 들어온다. 전체적인 맥락을 회복할 수 있다. 돌아서 떠나 버릴 수 있다.

특별히 과잉자기애자의 적수가 되지 못하는 우리이기에 피신이 상책이다. 왜 그런지 과잉자기애자의 다양한 스트레스 유발 신공을 자세히 관찰해보자.

첫째, 못된 과잉자기애자는 자꾸 정의를 떠든다. 말에 대한 책임감도 없으니 청산유수이다. 거침이 없다. 낯간지러워하는 보통 사람은 더듬거릴 수밖에 없는 번지르르한 말의 난장판이다. 과잉자기애자에게 정의는 더할 나위 없는 위장과 공격의 수단이다. 좋은 이미지도 만들고 다른 이를 힐난하기도 좋다. 너의 행동은 보호할 수 없는 잘못이라 비난한다. 영악한 말장난이다. 나는 너를 보호해주고 싶은 좋은 사람이라는 가소로운 자기규정과 동시에 너의 잘못이 선을 심하게 넘었다는 지적을 한 번에 해버리는 신공이다.

둘째, 친한 척하고 싶을 때 그는 상호성의 함정을 판다. 과잉자기애자는 힘들다고 읍소한다. 그가 무언가를 털어놓았다면 다 계산이 있다. 그의 부끄러운 과거를 이용할 만큼 사악하지 않은 보통 사람이 상호성의 함정에 빠져 비밀 하나를 터놓는다. 뒤통수가 활짝 노출되는 순간이다.

너는 그런 함정에 빠지지 않는다고 장담하지 마라. 대신 그냥 멀찍이 둘러 가라. 버핏이 알려주고 있다. "내가 죽을 자리를 알려 달라. 그럼 나는 거기 가지 않을 것이다."

셋째, 태세 전환에 신속한 과잉자기애자는 항상 전략적이다. 자기 말은 손바닥 뒤집듯 하면서, 별생각 없는 상대의 말에 책임을 지우려 심각한 표정으로 대화를 이어간다. 타인의 실수나 잘못을 놓치지 않는 순발력도 대단하다. 그러다 자신의 치부가 드러나면 시인하는 대신 너는 그렇게 하지 말라고 훈계한다. 누군가의 내로남불을 탓하면 속 좁은 사람 취급한다. 그렇지만 자기에게 유리할 때는 원칙에 타협이 없다. 여기저기 콕콕 찌르는 숙달된 스트레스 유발자이다. 말싸움의 기술에 자랑스러움이 배어 있다. 인간적 갈등에서 오히려 삶의 활력을 얻는 듯하다.

그래서 순진한 솔직함이 몸에 밴 보통 사람은 호시탐탐 달콤한 말과 표정으로 상대의 방심을 노리는 선수를 감당할 수 없다. 어차피 그렇게 잔머리를 잘 쓰는 과잉자기애자도 세상의 쓰나미에 쓸려나간다. 그러니 너무 안타까워하지 말고 그와의 대결에서 패배를 인정하라. 너의 소중한 기와 에너지를 아껴라.

그가 너에게 악감정을 가질 여지도 주지 않도록 그냥 우아하게 떠나라. 주문처럼 외우라. "피하라. 피하라." 과잉자기애자를 대하는 최고의 전략은 피신이다. 피신할 수 없다면 진심을 섞지 마라. 콩으로 메주를 쑨다는 진실의 발로 그의 미끼일 뿐이다.

우아한 피신을 위해 각자의 처지에 맞는 좋은 핑계(의도는 전달하지만, 분명한 공동지식은 피하는)를 준비하라. 이런 핑계는 라면 먹고 갈래의 사회생활 버전이라 할 수 있다. 내가 너를 싫어할 수도 있지만 꼭 그것 때문이 아닐 수도 있다는 여지를 남기는 기술이다. 내가 너를 싫어함을 너와 내가 안다고 있음을 서로 알고 있다는 공동지식을 피한다. 이로써 불가근불가원(不可近不可遠)의 관계는 평탄하게 유지된다.

못된 놈의 잘못을 일깨워 주지도 마라. 너의 수고는 그에게는 소중한 피드백이다. 가소로운 기술을 갈고 닦는 걸 도울 뿐이다. 그냥 침묵하고 물러나라.

너를 증명하려 하지도 마라. 증명이 안 된다. 주머니 속의 송곳은 희망 사항이다. 천리마보다 귀한 것이 천리마를 알아보는 귀인이다. 선비가 자기를 알아주는 자를 위해 목숨 바치는 까닭이다. 과잉자기애자가 네가 잘났다고 정말로 믿으면 더 큰 문제이다. 그가 마음을 고쳐먹고 존경할 것 같은가? 아니다. 오히려 무시하며 인심하는 마음 대신 질투하면서 너를 해코지할 기회를 호시탐탐 노릴 것이다. 그러니 더더욱 증명하려 하지 마라.

원래 존경은 드물다. 잊지 마라. 만인에 대한 만인의 무시가 예나 지금이나 보편적이다. 타인이 너를 알아주지 않는 문제에 대해 공자는 논어에서 여러 번 다루고 있다. "남이 나를 알아주지 않아도 마음의 응어리가 없어야 군자라 할 수 있다(人不知而不慍 不亦君子乎)." "남이 나를 알아주기를 걱정하지 말고 남을 알아주지 못함을 걱정하라(不患人之不己知 患不知人也)." 공자는 모두가 다른 모두를 무시하고 있음을 알았기에 이런 당위를 설파했을 터이다. 가슴에 손을 얹고 기억을 더듬어 보라. 네가 실력과 인품을 존경해서 진심 어린 찬사를 보낸 이가 몇인지 세어 보라. 그리 많지 않을 것이다.

자신은 타인에게 관심이 별로 없으면서 타인은 자신의 일거수일투족을 주목하고 있을 것이라는 착각에 빠져있다. 심리학 실험이 증명한 조명효과(spotlight effect) 속의 개인은 타인이 자신을 주목했고 무시했다고 생각한다. 틀렸다. 주목하지 않았다. 그래서 무시할 수조차 없었다. 무시한 것처럼 보였을 뿐이다.

그렇다고 자극에 꿈쩍 않는 목석이 되어야 한다는 말은 아니다. 감정의 동요도 하지 말라는 조언에 청년은 세 번 힘들다. 못된 말에, 못된 말에 흔들리는 자신에, 흔들림을 탓하는 지적에 힘들다. 그런데 사이코패스가 아닌 다음에야 상대의 사악한 의도가 느껴지는 말과 행동에 어찌 흔들리지 않겠는가? 자신의 흔들리고 있음에 분해하지 말아야 할 뿐이다.

사실 보통 사람에게 학이편의 인부지이불온(人不知而不慍)은 다소 비현실적이다. 마음속으로 진심 자부하는 성과와 능력을 간과하는 타인에게 실망을 넘어 분한 마음을 피하기 어렵다. 남들이 고의적으로 작당하는 경우는 비분강개이다. 불온과 정반대인 한비자가 묘사하고 있는 고분(孤憤, 혼자 분해함)의 마음이다. 충신은 수많은 간신배의 일치단결(百口) 앞에서 혼자서(一口) 분해한다.

이래저래 일어난 분한 마음을 당장 순치하기 어렵기에 지금은 피신이 맞다. 피신은 도망가는 비겁이 아니라 용서가 어렵다는 걸 수용한 결단이다. 스토아학파와 불교의 가르침처럼 미워하는 마음은 나에게 해롭다. 그렇지만 용서도 어렵다. 용서하려다 자기혐오만 커진다. 안 되는 건 안 되는 것이다. 잘못했다는 생각이 없는 자를 용서한다는 것도 서글픈 어긋남이다. 미워하는 마음도 용서하는 마음도 힘드니 피신이 상책이다. 피신하면서 상대의 불행도 바라지 마라. 관계없어지기를 구하라.

피신을 실천하는 청년에게 삐졌다는 소인배 취급이 참 불편하다. 만남을 거부하는 것은 삐침이 아니라 용기 있는 손절이다. 무하마드 알리가 인터뷰에서 시합을 앞에 둔 훈련의 핵심은 피하기(dodging)라고 알려준다. 파티와 이성을 피하는 것이다. 청년은 친구 같은 적을 피한다. 피신하면 고독해지고 그럼 뭔가를 추구할 시간을 얻는다. 덤으로 만남이 없으니 하지도 않은 말을 했다는 거짓 소문도 날 수 없다.

고립이 두려워 너를 업신여기는 모임의 말석에 붙어 있다는 건 슬픈 일이다. 감당할 수 있는 손해를 감수하고 아싸처럼 지내라. 누구는 그러면 늙어 외로워진다고 경고한다. 외로움을 느끼지 않기 위해 참고 어울리는 건 20대로 충분하다. 거울 앞에선 어른은 외로움과 고독을 구분할 줄 안다.

실천하기 어려운 피신을 수월히 달성하기 위해서는 임무를 정해주는 인생의 북극성을 찾아 헤매야 한다. 공자의 삶에서 삼십에 립(立)하고 사십에 불혹(不惑)하기에 앞서 십오세에 지우학(志于學)이 선행했던 이유일 것이다. 배움의 자세로 세상의 이것저것을 표본 추출하는 활동이 지우학이라 정의하고 싶다. 마구 채워 넣고 씨앗을 닥치는 대로 심는 시간이다. 김용택의 시 「사랑」에서 표현하듯 결국 많이도 세상을 살아낸 어른 같은 단단함을 준비하는 시간이다.

"그립고 아쉬움에 가슴 조이던 젊음의 뒤안길에서 돌아와 거울 앞에 서기까지" 좀 좌충우돌해도 괜찮다. 젊은 날은 원래 그렇다. 해탈의 부처도 젊은 시절 왕인 아버지의 의도대로 세상의 모든 즐거움은 다 누렸다. 현실주의 정치사상에서 몇 줄 읽은 신중함(prudence)을 되풀이하는 어린 친구에게서 신중함이 아니라 비겁함이 읽힌다. 상황에 대처하는 섬세한 현명함은 몇 권의 책에서 얻어지지 않는다. 많이 읽고, 놀고, 사랑하라. 거기서 배움을 구하라.

그렇게 노력한 너는 단단해진다. 그가 못되게 굴어서 단단해졌다는 생각은 어리석고 위험하다. "그 때문"이 아니라 "그럼에도 불구하고" 강해졌다. 못된 과잉자기애자는 그냥 못된 놈이다. 그에게 어떠한 인정 점수도 주지 마라. 그것이 그로 인해 힘들었던 이들을 위로하는 최소한의 도리이다.

그리고 세상의 불합리를 잊지 않기 위해 주문처럼 반복해라. 갈릴레오라는 불행한 사나이가 살다 갔다.

5. 헛소문에 대하여: 여론의 사회학이 알려주는 자중자애

어떻게 주소를 알았는지 주기적으로 날아오는 동문 소식지에는 부고란만 빼면 나쁜 소식이 없다. 온통 좋은 자리로 옮긴 별로 친하지 않은 아는 사람들 이야기다. 갑자기 우울해진다. 평소 출세와 자리에 연연하지 않고 직장 생활 틈틈이 글쓰기에 매진했지만, 청년은 잠시나마 초라해지는 마음이다. 반대로 소문은 알만한 타인의 불행, 과실, 멍청함, 사악함으로 차고 넘친다. 우리를 흥분시킨다. "뭐야? 뭐야?" 하며 발설을 재촉한다. 전하는 이도 말문을 열자 조심스러움은 온데간데없다.

살다 보면 소문의 그물망에 걸리지 않기가 참 어렵다. 오해할 거리도 넘치고 못되게 말하려는 자도 다 피하기 어려울 만큼 여기저기다. 네가 나쁜 놈이 되는 황당한 순간이 있다. 예를 들어 청년은 술버릇이 나쁘다 못해 포악스러운 지인을 대적한 적이 있었다. 모두가 피해버린 술 취한 그를 달래고 말리다 싸움이 날 뻔했다. 그런데 오랜 세월이 지난 뒤 주먹으로 유리창을 깬 자가 자기라는 소문을 듣는다. 누가 헛소문을 시작했는지 알 수 없지만 빅마우스를 자처하는 몇몇이 냉큼 받아 그냥 퍼트렸을 터이다. 이렇게 건너서 들은 촉새는 반응을 가속 시키는 촉매 역할을 했을 것이다. 술 좋아하고 목소리 큰 청년의 이미지에 어긋나지 않는 헛소문이다. 청년은 포악한 자가 되어 버린다. 청년이 타지로 떠나 눈앞에 보이지 않자 소문은 관심을 잃고 잠잠해진다. 그러나 헛소문은 바로잡아지지 않는다.

범인을 헷갈려 버린 소문도 있지만 사실에 엉덩이만 살짝 걸친 악소문은 비일비재하다. 조금만 틀어버리면 인격 살인까지는 어렵더라도 흠집 내기 딱 좋다. 논어 팔일 편에 나오는 공자의 짜증이기도 하다. "군왕(윗사람)에게 예를 다하는 것을 두고 사람들은 아첨한다고 수군거린다(事君盡禮 人以爲諂也)." 예와 아첨의 뚜렷하지 않은 경계를 노린 비틀기이다. 마찬가지로 비겁은 신중으로 포장된다. 반면에 포악한 자에 맞선 청년을 주위 비겁한 빅마우스가 과격한 놈이라 흉본다.

확증편향이 비틀기를 이어받는다. 하나를 보고 열을 알아 버린다. 열을 알지 않기가 거의 불가능이다. 연관된 성격의 꾸러미가 마구마구 자동으로 연상된다. 마스크로 가려진 얼굴을 보지 않기가 불가능한 것처럼 말이다. 그렇게 개성이 강한 인물은 이상한 사람이 되고 다수는 즐거운 마음으로 동조한다.

결국 법구경이 또다시 옳다. 어떤 재빠른 말도 후려 내리치는 채찍을 피할 수 없다. 오인과 비틀기가 난무하는 데 권세로 백구(百口)를 봉인시키지 않는 다음에야 누가 세상의 채찍을 다 피할 수 있겠는가?

이제는 입만이 아니다. 손가락이 큰 몫을 한다. 입으로 손가락으로 무장한 오지라퍼는 자극적인 정보를 퍼 나른다. 지루한 일상에 양념 같은 자극이 필요할 뿐이라는 깃털처럼 가벼운 생각에 따른 장난질이다. 카더라 통신이면 충분하다. 자기가 만든 게 아니니 결국 거짓으로 판명이 나도 죄책감은 없다. 자신의 입맛에 맞는 조잡한 거짓은 잠깐의 검증으로 오류를 확인할 수 있다. 그런데 그런 수고는 없다. 논리적 의심은 소문을 옮기기 위한 확신과 믿음, 그리고 재미를 방해할 뿐이다.

빗발치는 헛소문의 세상에서 빅마우스라는 별명이 훈장인 사회적 분위기이다. 깊은 깨달음이 없는 인생이라 그런지 부지런하기가 이를 데 없는 빅마우스는 남 이야기를 열심히 떠들어 댄다. 정의로운 판관 놀이에 정신없다. 술자리를 파한 그는 또 한 번 세상의 정의 구현에 이바지했다는 정의감에 오늘도 뿌듯하다. 소문의 왕국에서 악의만큼이나 정의로움을 독점한 독선이 무섭다.

이솝의 나팔수처럼 빅마우스는 인생 업적인 촘촘한 인적 네트워크로 자신의 독선을 여기저기 뿌려 댄다.

> "전사들이여, 까닭 없이 함부로 나를 죽이지 마시오. 나는 당신들을 한 명도 죽이지 않았고, 그리고 청동(나팔) 말고는 아무것도 가진 게 없소." 적군이 그에게 말했다. "그래서 너는 더더욱 죽어야 한다. 너는 전쟁도 할 줄 모르는 주제에 모든 사람을 싸우도록 깨우니까 말이다."

나팔수인 빅마우스를 좀 더 상세히 관찰해 보자. 그는 적당한 지위를 가지고 밤낮으로 사람 만나는 걸 낙으로 하는 인물이다. 짐짓 세상을 알고, 처세에 밝다는 분위기를 풍긴다. 이런 덕분에 그는 인적 관계의 허브에 있는 인물이다. 사방팔방으로 이야기를 퍼트려 여론, 공동지식을 만들어내는 오지라퍼이다. 여론의 힘을 아는 그는 오늘 사람들을 한 자리에 모은다. 큰 밥값을 내서라도 모두에게 동시에 알리고 싶은 (가짜)뉴스가 있는 모양이다. 그렇게 모두가 들었다고 모두가 알고 있는 소문을 만든다. 자신의 사회적 영향력에 감격하는 그에게 「사평역에서」의 한 구절을 소개하고 싶다.

> 산다는 것이 때론 술에 취한 듯
> 한 두름의 굴비 한 광주리의 사과를
> 만지작거리며 귀향하는 기분으로
> 침묵해야 한다는 것을
> 모두들 알고 있었다.

빅마우스는 참으로 위험한 인물이다. 영화 『올드보이』에서 오대수(최민식 분)의 실수를 엄청난 규모로 저지르는 자이다. 오지랖의 빅마우스는 아무에게나 인생의 커브볼 혹은 몸에 맞는 볼을 마구 던진다. 톨스토이의 단편소설 『대자(代子)』에서 한 치 앞만 보는 정의감으로 남의 인생에 개입한 어린 대자(소설의 주인공)는 모두의 인생을 망쳐버린다. 어리석은 소년처럼 빅마우스는 인생의 복잡성과 혼돈을 제대로 인식하지 못하는 어린 자이다.

그렇게 누군가를 헐뜯기 위해 만들어진 소문은 이빨로 만들어진 늑대와 같다. 늑대 같은 소문이 자라는 모습이 무섭다. 전형적인 양의 되먹임이다. 소문을 들은 사람이 많아질수록 소문의 전파 속도가 빨라진다. 지수적 성장(exponential growth)이다. 또한 입과 손가락 숫자에 비례해서 소문은 더욱 믿을 만해진다. 삼인성호(三人成虎)이다. 세 명만으로도 거짓을 사실로 둔갑시키기에 충분한데, 눈부신 소통 기술로 순식간에 수백 수천의 입이다. 그럼 더 많은 입들이 더 자신 있게 떠든다. 결국 소문이라서 소문이 난다.

꼬리에 꼬리를 무는 소문은 집단지성이 될 수 없다. 많은 이들이 그렇다고 말하니 그런가 보다 하는 식의 판단은 집단지성과 정반대이다. 집단지성을 얻을 수 있는 근본 조건은 판단의 독립성이다. 면접에서 심사자들이 서로 말하지 말아야 하는 까닭이다. 다양한 인물의 독립적인 판단이 상호적 영향 없이 취합될 때 그 결과로 집단지성이 생긴다. 그런데 소문은 독립성의 철저한 거부이다. 입의 수가 증가할수록 서로서로 지지하면서 소문은 한쪽으로 편향만 심해진다.

소문처럼 댓글도 마찬가지이다. 댓글 두세 개만 달리면 나머지도 모두 알아서 따라간다. 진흙 바닥에 살짝 삽질로 홈을 내면 거기로 도랑물이 흘러들어오는 이치와 비슷하다.

사실을 파묻어 버리는 소문 앞에서 개인은 무기력하다. 무도한 선발대가 너에게 진흙 깃털을 묻힌다. 그럼 후발대가 중독된 정의감의 바람을 불어댄다. 정의감 자체는 규범을 지탱하는 상위(meta) 규범이다. 나쁜 평판을 가진 자에게 심술궂게 굴어도 괜찮다는(좀 더 정확히는 굴어야 한다는) 규범으로 모든 하위 규범을 수호하는 규범이다. 그런데 문제는 사실에 관한 관심과 유리된 정의감이다. 사실을 사뿐히 밟아 버리는 헛소문의 희생양은 유명해서 유명해지듯 수상한 소문으로 수상해져 버린다. 널리 퍼진 수상한 소문이 그가 실제 문제가 있다는 가설의 증거로 쓰인다.

그렇게 명예는 훼손되고 원상 복구는 안된다. 소문이 명명백백한 거짓으로 판명 나도 나쁜 인상은 돌이킬 수 없다. 정박효과 때문이다. 처음 부른 가격이 말이 안 될수록 최종 협상가가 높아지는 현상이다. 악마라는 헛소문에 진짜 천사는 겨우 나쁜 놈 정도로만 교정된다. 과거 선풍기는 죽음을 불러오는 기계로 잘못 인식되었다. 선풍기는 돌아가고 있었고 그는 죽었다가 정확한 묘사이다. 그러나 아직도 청년의 아버지는 닫힌 방에서 돌아가는 선풍기가 여전히 두렵다. 선풍기에 대한 두려움처럼 살해당한 뻔 한 인격에는 보기 싫은 흉터가 뚜렷하다.

그래서 자유주의적 낙관론은 틀렸다. 소음이 더 큰 소음을 낳는 여론의 특성을 무시하는 자유주의자는 난무하는 소음 속에서 결국 진실이 스스로 드러날 것이라고 낙관하고 싶어 한다. 시장에서는 욕망과 욕망이 서로 경쟁하고 다투면서 보이지 않은 손이 시장 균형을 실현한다. 그런데 생산과 소비의 시장과 달리 여론의 광장에서는 비뚤어진 생각은 반대의 비딱한 생각을 교정하기보다 더욱 엇나가게 한다. 균형은 없다. 이쪽과 저쪽의 쏠림이고 양극화이다.

붉으락푸르락 화만큼이나 소문도 건드릴수록 부풀어 오른다. 공개 항변은 소문에 살을 붙여 버린다. 더 풍성하고 솔깃해진 소문은 멀리멀리 날아간다.

시간만이 최고의 약이다. 공중전은 피하고 진지 속에서 수그리고 바람이 잠잠해지기를 참을성 있게 기다려야 한다. 『정글북』의 저자 키플링이 아들을 위해 쓴 시에서처럼 말이다.

> If you can bear to hear the truth you've spoken twisted by
> knaves(악당) to make a trap for fools. … you'll be a man.

시간이 지나면 패션처럼 소문도 참신성이 떨어진다. 이내 뒷담화에서 삶의 활력을 찾는 가소로운 이들은 뿔뿔이 흩어져 새로운 먹잇감을 찾아 나선다.

곧 어디서 조직적 중상모략의 연기가 또 모락모락 올라온다. 누군가의 뻔뻔해야 할 시간이다.

만인에 대한 만인의 호작질이 난무하는 세상이기에 항상 부끄럼이 없기를 바라지 마라. 인생에서 조그마한 흠집도 남기지 않아야 한다는 결심은 자신을 취약하게 만든다. 잎새 이는 바람에도 괴로워하면 사악한 자에게 당한다. 악당의 고약한 소문에 너무나 큰 타격을 입고 굴속으로 오랫동안 숨어 버릴 수 있다. 이것은 피신이 아니라 칩거이다. 가소로운 자 때문에 자신을 망친다.

소문의 타격감을 줄이기 위해 우리는 국지적 관습과 보편적 도덕을 구별해야 한다. 사실 우리가 떠들고 있는 대부분의 옳고 그름은 정언명령과 상관이 없다. 문화적, 습관적 싫고 좋음을 보편 도덕인 양 포장할 뿐이다. 관습은 그저 잠정적이고 편의적인 수단에 불과하다. 하느님과 자아 사이에 존재하는 도덕이 아니다. 그런 무상한 것에 너의 실존을 내맡길 것인가?

오해하지 마라. 피신은 칩거가 아니다. 소문에 상처 입고 사람이 무서워져도 나다녀야 한다. 흠집 있는 차를 몰고 거리로 나와야 한다. 우리네 인생은 조금씩 여기저기 망가진 중고차이다. 백미러가 망가졌다고 후미진 곳에 잠시 내버려 두면, 무심한 장난질에 얼마 지나지 않아 차는 박살 난다. 대강이라도 고쳐서 끌고 다녀야 한다. 마찬가지로 마음에 상처가 나고, 명예가 더럽혀져도, 밖으로 나와 움직여야 한다. 광도 내고 아닌 척 내숭도 부려야 한다. 수치를 주려는 독선에 가소로운 미소를 던져야 한다. 너는 약하지 않다.

놀란 마음이 진정되면 새옹지마가 보일 것이다. 나쁜 소문이 나쁜 것만을 불러오지 않는다. 못났다는 소문 덕에 쓸데없는 인간관계가 정리된다. 그리고 정말 사업상 네가 필요한 자는 웬만한 소문에 신경 쓰지 않는다. 술자리에 불려 나가는 횟수만 줄어들 뿐이다. 나쁘지 않다.

이 모든 고통을 이겨낸 아싸인 너는 이제 헛소문을 막아주는 방파제가 되어주어야 한다. 노자 측의 놀림처럼 안되는 줄 알면서도 바른길을 주창했던 공자도 당시 아싸였을지 모른다. 대세를 무작정 따르기를 거부하는 그는 “모두가 칭찬해도 관(觀)하고, 모두가 욕해도 관하라”고 가르친다. 군중심리와 여론의 전염성에 대한 그의 분명한 자각이 엿보인다. 앗싸인 너와 내가 명심해야 할 태도이다.

그런데 지하철 스크린도어에는 사랑한다는 공허한 글귀가 차고 넘친다. 악의에 찬 조리돌림의 SNS와 너무 달라 어리둥절이다. 여기가 천국이라는 스피커의 정신없는 지껄임에 제정신을 잃지 않기 위해 냉소에 의지했던 공산주의 사회가 소환된 느낌이다. 청년은 짜증이 난다. 차라리 욕이라도 한 비기지 멋지게 풀어내는 해학이 읽고 싶어진다.

V

돌아가는 날 말하리라 "재미있었다고": 행동과학으로 알아채는 인생론

市民兵法

01

지하철을 기다리며 우연과 인생을 생각하다:
행복 총량 불변의 법칙

02

이과두주는 가짜가 없다:
새옹지마의 비선형성

03

여행이 알려주는 비합리성의 합리성

04

오늘만 살아야 하나? 오늘만 살 수 있나?:
카르페 디엠의 행동과학

05

궁즉통(窮則通):
확률론으로 알아채는 인생

Ⅳ. 돌아가는 날 말하리라 "재미있었다고": 행동과학으로 알아채는 인생론

1. 지하철을 기다리며 우연과 인생을 생각하다: 행복 총량 불변의 법칙

하나하나의 개별적 무작위성이 만드는 거친 너울 너머 저 멀리 보이는 잔잔한 수평선이 확률의 원리를 일깨운다. 경이롭다. 존재의 덧없음, 부당함, 하찮음이 영원불변한 신의 손길과 공존한다는 감상이다.

혼란스러운 무작위가 만드는 고요한 질서는 언제나 어디에서나이다. 오후 3시에서 4시 사이에 광화문역에서 전철을 기다리는 사람의 숫자는 일정하다. 3시 11분 전철에 왕창 몰릴 수도 있을 텐데. 기다리는 승객의 수는 우연의 지배 아래 있기에 그럴 수 없다. 만약 평소와 다르게 발 디딜 틈이 없다면 밖에 뭔가 뜻밖의 사건이 끝났음이 틀림없다.

신의 손길 같은 무작위성 덕분에 청년의 출근 시간이 일정하다. 버스 타고, 지상철 타고, 지하철 타는 출근길이 아주 늦어지려면, 버스도 늦게 오고, 지상철도 늦게 오고, 갈아타는 지하철도 늦게 와야 한다. 버스, 지상철, 지하철을 기다리는 시간은 각각 독립적이다. 언제 버스와 지하철이 도착하는지는 각각의 사정이라는 의미이다. 독립적인 사건이 동시에 일어나는 값을 구하는 공식은 곱하기이다. 버스, 지상철, 지하철이 모두 동시에 최대 배차 간격 시간(버스 10분, 지상철 5분, 지하철 5분)을 채울 확률은 세 가지 확률값의 곱하기이다. 1보다 많이 적은 값을 세 번 곱하는 것이니, 아주 늦게 학교 입구에 도착할 확률은 상당히 낮다. 결국 세 가지 독립적 사건의 확률의 곱으로 이루어진 총출근 시간은 평균을 중심으로 좌우로 부드럽게 펼쳐진 정규분포를 보인다. 두 번의 표준편차를 벗어나는 아주 오래 걸린 출근길은 드물다.

모든 걸 비슷하게 만들어 버리는 우연을 사랑한 나라가 있다. 제비뽑기로 지도자를 정한 고대 그리스의 아테네이다. 집단의 우두머리를 정하는 방법은 참으로 다양하다. 학급 반장의 경우 제비뽑기 이외에도 담임의 지명, 화장실에서의 결투, 차례대로 돌아가는 순번제, 떡볶이를 얻어먹은 학우들의 추대, 학업 성취도에 따른 결정, 선거 등을 상상할 수 있다. 제비뽑기에서는 평등을 사랑한 아테네의 시민정신이 느껴진다. 평등, 공정, 정의를 사랑한다고 주장하는 MZ세대는 바로 이해했을지 모르겠다. 아테네 시민은 지도자가 될 수 있는 확률을 똑같이 나누어 가졌다. 우연의 아름다움이다. 여기에 금수저 흙수저의 불평등은 있을 수 없다. (단 아테네는 사후적으로 철저한 조사를 통해 무능하고 부패한 퇴임자를 단호하게 처벌했다)

우연의 아름다움을 염두에 두고 다음을 상상해보자. 우리의 운명을 수관하는 천상의 신이 주사위 놀이에 빠져 있다. 그는 무지막지하게 큰 손에 쥔 엄청나게 많은 수의 주사위들을 한꺼번에 넌진다. 각각은 20면체의 주사위(과거 서양의 점술사가 애용한 20개의 정삼각형으로 이루어진 실제 주사위)로 측면마다 숫자가 표시되어 있다. 나온 숫자가 개인의 행불행 값을 결정한다. 큰손의 장난꾸러기는 주사위가 우연히 정한 운명에 과하게 심각해지거나 오만하게 구는 인간을 하늘에서 내려다보며 재미있다고 까르르

데굴데굴한다. 각각의 주사위 값은 거의 매번 바뀌겠지만, 전체 주사위의 총합(그날을 살아가는 사람 모두의 행불행의 합)은 언제나처럼 평균에서 크게 어긋나지 않는다. 우연이라는 신의 원리이다.

장난꾸러기 신은 장난을 계속한다. 5년을 주기로 주사위를 새로 던진다. 이렇게 신은 70, 80을 사는 각자의 인생 주사위를 15번 정도 던진다. 어떤 이는 15번 모두 아주 큰 값을 얻는다. 정반대로 15번 모두 아주 작은 값을 얻은 불행한 인물도 있다. 단 두 가지 인생 모두 지극히 드물다. 대부분은 엇비슷하다. 왜냐하면 신의 주사위 던지기는 독립 시행이고 15번 정도는 충분히 많은 던지기이기 때문이다. 따라서 15번 나온 주사위값의 총합(개개인의 인생 총행복)의 가로축과 총합의 빈도(사람 수)를 표시한 세로축으로 구성된 2차원의 평면에서 부드러운 정규분포 곡선이 나타날 것이 통계적으로 확실하다. 통계학의 근본인 중심극한정리(central limit theorem)가 이를 알려 준다. 모집단의 분포 상태와 상관없이 20번 이상(15번은 근사적)의 무작위적 추출의 평균 혹은 합의 분포는 정규분포를 보인다는 위대한 발견이다.

신이 여러 번 던진다는 인생 주사위의 비유가 암시하듯 행복에 미치는 다양한 변수들이 서로서로 독립적이다. 체력, 매력, 건강, 부, 직업, 학력, 가정생활, 친구, 애인, 성격, 지력, 태어난 나라와 시대 등이 따로따로이다. 가난하지만 건강하고, 성격 나쁜, 예쁜 얼굴의 한국의 MZ 등 좋고 나쁜 것들이 서로를 상쇄한다. 50대에 제일 잘나가는 사람은 암 걸리지 않는 자라는 농담이 모든 걸 말해준다. 지금까지 삶의 굴곡이 갑자기 찾아온 폐암 한 방으로 정산되어 버리는 것이다. 그런 암이나 교통사고는 사람의 종류와 그가 걸어온 과거를 가리지 않는 듯하다. 이는 각각의 행복 변수가 독립적으로 우연히 오르내린다는 의미이다. 이렇게 각자의 삶은 많은 독립변수의 합(혹은 평균)인 것이다. 그러므로 행복 총량(평균)의 분포는 정규분포를 보일 것이다.

신의 인생 주사위 이야기를 좀 더 밀어붙여 보자. 던지기 횟수가 빈번해질수록(예를 들어 5년 주기에서 3년 주기로 변경) 개인의 평균 행복(총행복값/3년 주기의 던지기 총횟수)의 정규분포 곡선의 폭은 더 좁아지고 뾰족해진다. 통계의 명령이다. 평균 행복의 분산은 신의 한 번 던지기의 분산보다 적다. 평균값의 분산은 개별 사건의 분산을 루트 N(N은 던지기 횟수이다)으로 나눈 값이기 때문이다. 더 잦은 던지기 시행(N)으로 분모가 기지니 전체 분수 값(분산)은 더 작아진다. 더 평등한 행복이다.

평균 행복의 정규분포는 다음을 말해준다. 오랜 시간에 걸친 많은 독립적 사건(여기서는 신의 주사위 던지기)은 한두 번의 큰 행불행을 희석해 버려 서로의 인생을 비슷하게 만드는 통계적 힘을 가지고 있다. "이 또한 지나가는" 감정의 마모에 따른 흐릿함과는 또 다른 차원의 평온함이다. 시간이 간다는 건 N(행복 주사위의 던지기 횟수)이 증가하는 것이요, 그렇게 개개인의 평균 행복은 서로서로 보다 가까이에 위치한다. 절대다수의 인생이 거기서 거기가 된다.

그런데 사회 통계에 익숙한 청년은 바로 의문을 품는다. 과연 신은 5년마다 주사위를 다시 던질까? 왜냐하면 금수저 흙수저 시대 부의 분포는 정규분포가 전혀 아니기 때문이다. 정규분포의 종 모양과 달리 한쪽의 극단이 드물지 않다. 천문학적인 부를 가진 자의 비현실적 호사스러움이다. 표준편차는 의미를 잃어버리고 몇몇 거부가 나라 전체의 평균값을 좌우한다.

부의 나뉨이 정규분포를 보이지 않는 이유는 커다란 부는 더 큰 부를 불러오기 때문이다. 독립이 아닌 양의 되먹임 때문에 부의 정규분포는 없다. 인기도 그렇다. 인기가 인기를 불러오기에 음반 판매량, 도서 판매량, 영상의 다운로드 횟수, 연예인의 총수입 모두 멱함수이다. 엄청난 불평등이다.

그래도 여전히 행복은 부와 다름을 빌 게이츠가 실증하고 있다. 최근 그의 부끄러운 스캔들은 행복의 정규분포를 지지한다. 그는 천문학적 부와 엄청난 사회적 영향력의 최고 꼭대기에서 치욕의 바닥으로 삽시간에 추락했다.

이 모든 이야기는 독립성이 얼마나 중요한지 일깨운다. 잦은 독립 시행은 한마디로 비슷해짐이다. 그냥 던지기 횟수를 늘리는 단순한 처방만으로 우리는 결과의 평등을 확보할 수 있다. 눈부시도록 아름다운 통계의 성질이다.

독립성과 반대로 사건과 사건의 종속성은 불평등이다. 꼬리가 꼬리를 무는 경로의존이다. 되먹임이 일어나고 극단이 발생한다. 의식주의 유행이, 네트워크 상품의 승자독식이, 정치의 독재가 그렇다. 극소수의 승자와 절대다수의 패자라는 엄청난 불평등이다. 안되는 집구석이라는 푸념과 좌절이다. 인생 역전이 일찌감치 사라진 세상이다. 가진 자는 더 많이 가지고 가난한 자는 보잘것없는 것마저 내놓는다는 마태복음의 세상이다.

분명해졌다. 평등한 세상을 원한다면 경로의존을 파괴해야 한다. 이를 위해 사건과 사건 사이의 독립성을 높여야 한다. 다시 말해 A 사건의 우연과 B 사건의 우연을 분리하는 것이다. 인생의 길목마다 샛길을 내어 경로를 벗어날 수 있도록 하는 것이다. 과거의 게으름 혹은 불운으로 나쁜 길을 좀 걷고 난 다음 또 다른 갈림길에서 자신의 실력과 하늘의 운을 시험할 기회를 얻어야 한다. 세트제로 경쟁하는 양궁처럼 말이다. 다음 그림이 이런 생각을 묘사한다.

세트제의 인생 게임

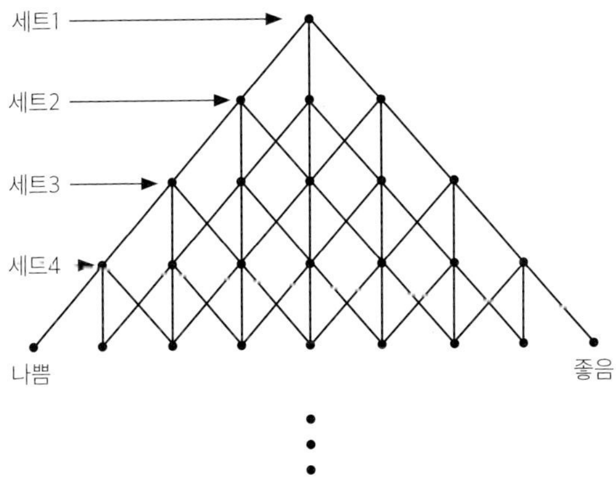

이 게임 트리에는 각각의 세트마다 세 갈래 길이 있고 한 갈래의 끝에 도착하면 새로운 게임이 시작된다. 만약 운칠기삼의 인생에서 개인이 다시 힘을 내고 (본성상 독립적인) 운이 미소를 짓는다면, 그는 왼쪽 점에서 아래 오른쪽 점으로 이동한다. 세트별로 실력과 운에 따라 왼쪽, 가운데, 오른쪽으로 이동하면서 결국 다수의 삶은 비슷해진다.

이처럼 (독립적) 우연이 작동할 수 있는 기회를 늘리는 편이 과격한 혁명보다 평등한 세상에 훨씬 도움이 된다고 본다. 불평등을 혐오하는 자들은 보통 혁명을 떠올린다. 혁명은 피지배계급이 무장봉기로 국가권력을 장악하여 폭력적으로 지배와 피지배 관계를 청산하는 거창한 인공적 계획이다. 그런데 새롭게 등장한 지배집단도 천사가 아닌 어쩔 수 없는 인간이라는 사실을 천진난만한 혁명주의자는 까맣게 잊고 있다. 특별히 민주적 제약이 작동하지 않는 혁명적 독재는 이내 썩기 시작한다. 차라리 사회 곳곳에 독립적인 우연을 충분히 늘리면 통계의 신이 알아서 평등을 만들어 준다.

좋은 걸 다 가진 엄친아 엄친딸이 나오기 전인 고도성장기 한국인의 인생은 몇 번의 선택에 이리저리 요동쳤다. 대학, 직업, 배우자, 거주지 등이었다. 고등학교 배정이나 학력고사 당일 찍기 덕에 좋은 대학을 갔고 거기서 공부를 열심히 하거나 시위를 열심히 하거나 놀거나 했다. 그리고 각자는 특별한 고민 없이 이곳저곳에 취직했다. 평생직장인 회사의 운명에 따라 또 한 번 인생이 달라졌다. 누군가는 배우자의 고집으로 강남으로 이사 갔다. 이처럼 토지개혁과 한국전쟁이 만들어낸 가난의 공유에서 출발한 절대다수의 인생은 고도성장기 동안 인생 역전의 기회를 여러 번 가졌다.

그렇다. 독립적으로 움직이는 우연과 운은 참 좋은 것이다. 평등이다. 그런데도 운은 욕을 먹는다. 잘되면 내 탓 망하면 운 탓이다.

> 긴 여행에 지친 나그네가 우물 옆에 쓰러져 잠이 들었다. 나그네는 하마터면 우물에 빠질 뻔했으나 운의 여신이 나타나 깨우며 말했다. "이봐. 우물에 빠졌더라면 너는 자신의 불찰을 나무라지 않고 내 탓으로 돌렸겠지."

그렇다고 소심자는 타인의 불행까지도 운으로 돌리지는 않는다. 그때는 그의 못된 어리석고 사악한 행실이 불행을 자초했다는 식이다. 남의 불행에서만큼은 행위자 중심의 인과적 설명을 고집하는 비겁한 마음을 가지고 있다. 소시민은 못되고 혹은 어리석은 이에게만 나쁜 일이 생긴다고, 생겨야 한다고 믿고 싶다. 그렇게 안도한다. 만약 불행이 무작위적이라면 소심자의 마음이 불안해진다. 이리저리 노력하고 철저하게 준비하는 게 허무하게 느껴진다. 행운과 불운의 무작위성에 대한 담담한 수용은 열심히 살고 싶은 순진한 마음에는 어울리지 않는 현실주의적 사고인 셈이다.

그래서 여인은 울부짖는다. 뒤늦게 성공한 유명 작가의 하나뿐인 아들이 불치병에 걸려 죽게 되었다. 작가는 수녀에게 "왜 저입니까?"라며 울부짖었다 한다. 늙은 수녀의 대답이 철저히 확률적이다. "왜 네가 아니어야 하는가?"

그렇다. 사실 우연은 차가울 정도로 공평하다. 결과의 심대한 불평등에도 불구하고 항아리 속에서 불운의 구슬을 뽑을 확률은 모두에게 똑같다.

그렇게 공평한 우연이지만 인생의 항아리 속에 불운의 구슬이 훨씬 많이 들어가 있는 건 아닌가? 이에 긍정하듯 톨스토이의 『안나 카레니나』의 첫 시작이 유명하다. "행복한 가정은 서로 닮았지만, 불행한 가정은 저마다의 이유로 불행하다." 이는 인생의 엔트로피 법칙이라 이름 지을만하다. 맑은 물속의 먹물 방울이나 인생이나 경우의 수가 많은 쪽으로 흩어진다. 건강을 잃거나, 자식이 사고로 죽거나, 안나 카레니나처럼 불타는 낭만을 가지지 못했거나 등 인생에서 치명적 사건과 약점을 하나쯤 가질 가능성은 압도적이다.

그럼 하나의 불운에 전체가 어두워지는 인생의 엔트로피는 불가피한가?

이에 답하기 위해 행복이라는 개념을 비트겐슈타인의 가족 유사성(family resemblance)으로 한번 생각해보자. 형제 다섯이 각각 ABCDF, BCDEF, ACDEF, ABDEF, ABCDE의 형질을 가지고 있다. 서로 꽤 비슷하지만 다 조금씩 다르다. 그렇지만 여전히 형제이다. 각자의 행복도 비슷할 뿐 똑같지 않다. 행복의 구성 요소 중 부족한 부분이 지마다 다르지만 그래도 다 행복이다. 톨스토이도 그렇게 관찰하고 있다. 행복한 가정의 이야기는 형제처럼 닮았을 뿐이다. 쌍둥이가 아니다.

그렇다. 우리에게는 인생의 엔트로피를 이기는 방패가 있다. 정신 승리(예를 들어 비교의 되치기)이다. 웬만큼 나쁜 우연과 모자람은 정신 승리로 이겨내어 인생의 엔트로피에 저항할 수 있다. 강한 정신의 소유자에게 행복은 깨지기 쉬운 유리그릇이 아니다. 바닥에 몇 번이나 부딪혀도 온전한 모양을 유지하는 놋그릇이다. 그렇기에 행복한 사람들의 이야기는 똑같지 않지만 유사하다.

그래도 개인사마다 확대경을 대어 보면 저마다의 인생은 하늘에서 내리는 눈처럼 고유한 모습이다. 특별히 인연이라는 우연은 각자에게 자기만의 이야기를 선사한다. 그날 그 장소에 가지 않았다면 어땠을까 하는 순간들이 누구에게나 있다. 그때 배탈이라도 났다면 인생은 얼마나 달라졌을까? 골똘히 회상하는 노년은 시인의 마음이 된다. "네가 끌었느냐, 누가 부르더냐, 답답워라. 말을 해다오."

그래서일까? 로맨틱 코메디 영화 『세렌디피티(Serendipity)』에서 남녀 주인공은 우연한 끌림이 인연인지 시험하기 위해 한 번의 우연을 더 만든다. 현실에서는 얼토당토않다. 영화의 결말과 달리 한 번의 우연을 버리면 인연은 다시 돌아오지 못한다. 두 남녀는 서로를 잊고 따로따로 새로운 인연(우연)을 만나 점점 더 멀어지는 두 갈래 길을 걸어갈 것이다.

2. 이과두주는 가짜가 없다: 새옹지마의 비선형성

중국 출장에서 아주 좋은 술 하나를 가지고 오면 지인들은 어떻게 구했는지 묻는다. 이렇게 좋은 술은 가짜가 너무 많다며 의심한다. 물정에 밝은 현지인이 선물한 것이라는 답에 진짜일 거라 좋아하며 얼른 마신다.

가짜가 판치는 중국이지만 만원 단위의 이과두주는 가짜가 없다고들 한다. 저렴한 술이 더욱 믿을 만한 역설이다. 싼 게 비지떡이 아니라 진짜이다.

이과두주가 가짜가 없는 까닭은 사기꾼의 합리성 때문이다. 사기질도 비용과 수익의 계산이 맞아야 한다. 가짜 이과두주를 만드는 노력으로 가짜 명주를 만들면 훨씬 더 큰 이윤을 남길 수 있다. 똑똑한 사기꾼이 이 정도 계산은 할 것이다. 경제학을 신봉하는 청년은 안심하고 이과두주를 마신다.

이과두주가 가짜가 없는 이치처럼 내세울 정도가 아닌 소소한 성공은 무탈한 삶과 만수무강을 돕는다. 너의 등에 올라타 "공사"를 치려 하는 귀찮고 사악한 자가 주위에서 사라진다. 한계사기수익이 크지 않기 때문이다. 재목이 못 되어 나무꾼의 도끼질을 피한 굽은 소나무가 마을을 지키고 천수를 누리듯 말이다.

반대로 큰 성공은 자주 비극을 초래한다. 아부하는 주위 사람들도 한몫하겠지만, 무엇보다 자기 잘못이 크다. 추락하는 것은 강점과 약점을 같이 가지고 있다. 강점 덕분에 오른 높은 자리는 인간 확대경이다. 잘 보이지 않고 문제시되지 않던 그의 모자람이 점점 더 뚜렷해지고 크게 증폭된다. 결국 땅바닥으로 쿵 추락한다.

영화 『나 홀로 집에』에서 도둑을 물리친 어린 주인공의 삶이 커다란 굴곡이었다. 그처럼 너무나 이른 대성공에서 내려오는 길이 무척이나 험하다. 어린 자가 바닥(보통의 삶)을 참아낼 근성을 미처 키우지 못했기 때문일 것이다. 결국 술과 마약에 몸과 마음이 병든다.

오랜 고생 끝에 높이 오른 자도 아슬하기는 매한가지이다. 보상 심리 때문인지 오만 때문인지 사소하지만 끔찍한 실수를 저지른다. 우연히 찍힌 갑질이나 욕설이 커다란 사회적 파장을 일으킨다. 사회면에 이름이 오르내린다. 무서운 수치심 속에 자리에서 물러난다. 커다란 성공으로 손에 넣은 큰 지렛대가 자신을 날려버린 꼴이다.

출세와 추락의 반전은 곡선의 세상이다. 화장실의 두루마리 휴지가 좀처럼 줄지 않았다가 갑자기 사라진다. 반지름이 반이 되면 부피는 1/4로 줄어들기 때문이다. 비선형적이다. 코끼리 다리가 비율적으로 두꺼운 이유이기도 하다. 몸집은 세제곱으로 늘지만, 몸무게를 바치는 다리의 단면적은 제곱으로 변하기 때문이다.

단순히 물리의 세상만이 아니다. 영악한 왕은 비선형성을 이용해서 망나니 아들을 살렸다. 1kg짜리 바윗돌을 100개로 쪼개서 맞은 왕자는 죽지 않고 멍만 들었다. 아들을 살린 기쁨에 겨워, 한 달 동안 나누어 마실 술을 하루에 다 마신 왕은 그날 밤 심장마비로 죽었다.

인간의 덕스러움도 마찬가지로 비선형적이다. 모자라지도 넘치지도 않는 중간 지점에서 덕이 가장 높이 고양된다. 예를 들어 비겁도 무모도 아닌 용감성이 거기에 있다. 중용이다. 그림으로 그리면 엎어진 바가지 모양이다.

KTX의 승객 수와 소음 데시벨

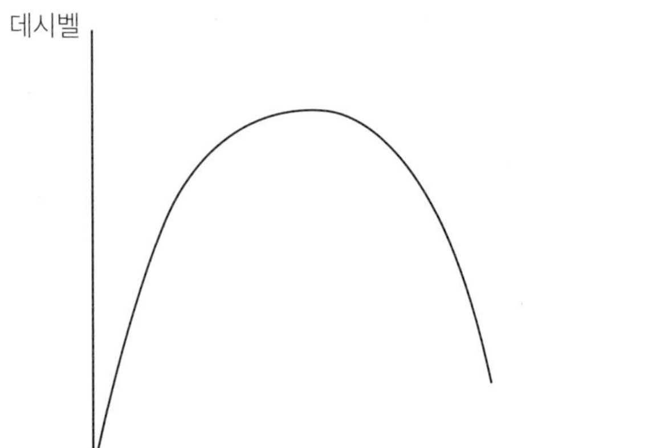

여기 엎어진 바가지가 하나 더 있다. KTX를 타고 다니면 주위의 무신경한 말소리가 힘들다. 그런데 승객으로 꽉 찬 객차는 오히려 조용하다. 승객의 수가 늘면 그만큼 떠들 사람의 수가 늘어난다는 직선의 이치에 비추어 반직관적이다. 손님이 손님을 조용히 시키기 때문이다. 주위 사람들이 보내는 눈총과 인상이 예의 없는 자를 압박한다. 듬성듬성한 시끄러운 객실을 도망치듯 빠져나오면서 청년은 곡선의 그래프를 생각한다.

나쁜 게 더 나쁜 것도 아니고, 좋은 게 다 좋은 것도 아닌 새옹지마(영어로 good thing, bad thing, who knows로 표현할 수 있음) 역시 엎어진 바가지 모양이다. 얽히고설켜 복잡하게 돌아가는 세상 속에서 똑똑한 듯 어리석은 인간적인 모자람이 커다란 행운을 파국으로 끝내버린다. 이를 절실히 간파한 로마인의 현명함이 경이롭다. 노예가 개선장군의 마차에 올라타 메멘토 모리(너의 죽음을 기억하라)를 반복했다.

그래서 어쩌면 능력 하나가 아주 떨어지거나 눈에 띄는 인간적인 흠집이나 결함이 있어도 그리 나쁘지 않다. 예를 들어 만약 그 결함이 강약약강의 기회주의가 아니라 남을 다소 불편하게 하는 버릇이라면, 너는 의도하지 않은 선별의 효과를 누린다. 너의 불편한 약점을 참아줄 만큼 인내심과 애정을 가진 자는 주위에 남고 짜증이 난 과잉자기애자는 너를 멀리한다.

이렇게 뜻밖인 것이 세상천지이다. 과거 청년은 매연과 소음을 일으키는 수많은 오토바이의 행렬이 비합리적이라 판단하며 대만의 소도시를 여행한 적이 있었다. 코로나 사태가 터지고 다시 찾은 타이중에서 그는 생각을 고쳐먹었다. 전염의 시대 오토바이는 저렴한 독립 이동을 제공하여 전염의 불안을 해소하는 뛰어난 교통수단으로 변모했다.

어려움과 고난에 대한 집단의 반응과 적응도 비선형적이다. 불가항력으로 보이는 참혹한 상황에 맞서 공동체를 복원하고 서로서로 도운 하와이의 한센병 환자 집단의 이야기가 놀랍다. 뉴욕시의 정전을 틈타 폭발한 야만성과 너무 다른 반응이다. 이처럼 재앙적 위기에 오히려 질투와 반목이 사라지고 공동체가 부활했다는 이야기가 여기저기이다. 어려운 시절을 그리워하는 회고가 자주 들리는 이유이다.

모든 문제를 다 고쳐 놓겠다는 목적론적 유토피아 이념이 반전을 무시하는 직선적 사고의 전형을 보인다. 객관적 진보만큼 행복감이 증가한다는 순진한 믿음은 비교를 통해 세상을 인식하는 인간적인 습성을 무시하고 있다. 예를 들어 세상의 부당함이 줄어들어도 주관적으로 느끼는 인간적 고뇌와 짜증은 좀처럼 줄어들지 않는다. 선진국 일본의 길거리에서 이를 목격할 수 있다. 자전거 주차만 보아도 중국에 대비하여 일본이 훨씬 질서 잡힌 공동체임을 한눈에 알 수 있다. 그렇게 질서정연한 동경 시내에서 많은 중년 남성들이 마스크를 쓰고 다닌다. 한번은 일본에서 직장생활하는 지인에게 이유를 물었다. 남에게 자기 얼굴을 보이고 싶지 않은 마음이라는 답에 일본인의 일상적 스트레스가 느껴졌다.

그 마음이 이상하지 않다. 민주화되고 인권 의식도 올랐지만, 서로가 서로에게 주는 고통의 양에는 큰 변화가 없는 듯하다. 불의와 불합리가 판을 치던 부모 세대는 자주 100의 고통을 당했다. 그래서 5의 고통은 느낄 수조차 없었다. 이는 밝은 가로등 길을 운전할 때는 한쪽 헤드라이트가 고장 난 줄 모르는 것(Just Noticeable Difference, JND)과 같다. 어제의 투쟁으로 세상의 부당함은 100에서 10으로 확 줄었다. 이제 5의 억울함은 커다란 마음의 상처와 트라우마를 만든다. 여기저기 아프다고 난리다. 진보의 역설이다. 인간의 현명함과 참을성이 세상의 나아짐에 발맞추어 올라가지 못함이 안타깝다. 결국 스트레스 총량 불변이다.

반전과 역설의 새옹지마의 올가미가 늘 우리 주위를 배회한다. 왜냐하면 욕구 충족이 예금처럼 저축되지 않기 때문이다. 지친 밤 어리석은 욕망에 몸서리치는 청년은 자문한다. 질리고 물려서 완전히 꺼져버릴 수 있는 원초적 욕구가 있을까? 그렇지 않은 듯하다. 돈은 한꺼번에 열심히 벌어서 은행에 넣어두고 조금씩 꺼내 쓸 수 있다. 그러나 꽉꽉 눌러 채워 충족시킨 욕망은 오랜 평온함 대신 시나브로 금단의 떨림을 만들 뿐이다. 그렇게 중독되고 더욱 강한 자극을 갈망한다. 축적과 금단의 상승작용이 노를 넘어서면서 개인은 씻을 수 없는 어리석은 잘못을 저지르게 된다.

> 고기가 가득 든 냄비에 파리가 빠졌다. 파리는 국물에 빠져 죽으며 중얼거렸다. "나는 먹고 마시고 목욕까지 했으니 죽어도 여한이 없구나."

그래도 이 정도면 파리는 현명하다. 우화 속 파리와 달리 세네카의 관찰처럼 우리 대부분은 "영원히 살 것처럼 살다 하루도 살지 않은 것처럼 죽는다." 어리석은 욕망을 채우며 즐거워했던 시간은 까맣게 잊고 새옹지마의 거미줄에 붙잡힌 제물은 억울하다고 울부짖고 발을 동동거린다.

아홉수에 걸렸다는 자기연민 대신 겸허함, 감사함, 현명함을 키우기에는 새옹지마의 주기가 너무 느리다. 주체가 안 되는 부와 성공에 정신 못 차린 인물의 건방진 희롱이 쌓이고 쌓인다. 떨어진 우유 방울 방울이 나중에야 썩은 내를 풍기듯 큰 낭패가 뒤늦게 찾아온다. 이렇듯 죄와 벌 사이의 넓은 시간 간격 때문에 건방진 자는 뒤늦게 찾아온 불행을 자신의 행위가 아닌 재수 없음이라고 억울해한다. 혹은 딱 한 번의 실수일 뿐이라 항변한다. 반성도 학습도 없다.

그런 자를 보면서 "나라면 그렇게 하지 않는다"라는 자만 대신 아직은 새옹지마의 희생양이 아님에 감사하라. 그리고 타인의 불행에서 교훈을 얻었다는 착각 대신 주문을 외워라. "나 또한 그와 다르지 않다."

그래도 결국 비상과 추락의 새옹지마마저 긴 시간 속에서 의미를 잃어버린다. 호랑이는 가죽을 남기지만 사람은 이름을 남길 수 없다. 인생 업적이 없어서가 아니다. 세대가 거듭될수록 기억할 만한 이의 수는 늘어나지만, 역사 기록의 용량은 매우 제한적이니 말이다. 믿을 수 없는 업적을 남긴 자 중에서도 극소수 몇몇의 이름만이 전해질 뿐이다. 꽤 유명했던 너 또한 잊히리라.

3. 여행이 알려주는 비합리성의 합리성

청년은 여행을 떠나려 한다. 여행은 모든 것이 의심스러워지는 시간이고 익숙했던 것들과의 잠시 이별이다. 오늘까지의 생각과 믿음은 낯선 곳에서 상대화될 것이다. 낯선 곳으로의 여행에서 돌아온 날 익숙함은 권태가 아니라 편안함임을 깨닫게 될 것이다.

청년은 깃발 부대의 일원이 아니다. 혼자 배낭을 메고 떠나는 고생길을 준비한다. 지난 여행의 기억이 새롭다. 어느 수도 국제공항에서 남은 맥주를 모아 재활용하는 판매자가 그와 눈이 마주쳤다. 판매자는 그냥 씩 웃어 버리고 하던 일을 계속했다.

그런 여행에서 가장 행복한 순간은 언제일까? 계획을 세우고 출발을 기다리는 날이다. 원래 실제 여행보다도 상상이 더 멋진 법이다. 왜냐하면 상상은 많은 불편한 것을 빼먹는다. 낯선 고도(古都)의 구석진 호텔을 찾아 헤매다 맞은 큰비도, 길거리 음식에 울렁거리는 위장도, 낡은 침대 스프링에 쑤시는 허리도 상상에는 없다. 계획의 오류이다.

이제 곧 출발이다. 인천공항에서 비행기를 기다릴 때마다 떠오르는 청년의 감상이 있다. 항공사 비즈니스 라운지를 이용하지 않아도 안락한 시간을 보낼 수 있는 최고 시설의 공항이다. 다른 주요 도시의 국제공항에서 공짜로 앉을 편한 자리가 없어 낭패감을 느낀 적이 한두 번이 아니었다. 우리나라는 길손에 너그럽다는 생각에 흐뭇하다.

몇 시간을 비행하고 내린 낯선 세상에 청년은 금방 적응한다. 낮은 물가에 곧 익숙해지고 위험해 보이던 교통문화에 이내 친숙해진다. 처음 며칠 청년은 베트남 하노이 물가에 흥분한다. 검소한 그지만 마음 편히 돈을 쓴다. 이것도 잠시이다. 며칠 지나지 않았는데 현지 물가 대비 비싸 보이는 것들을 피하고 있다. 하노이의 붐비는 도로를 처음 건너는 순간 그는 당황했다. 의미를 잃은 신호등 색깔을 우두커니 바라보며, 도로가 한산해지기를 기다렸다. 오랜 기다림도 잠깐이었다. 이제 달려오는 오토바이와 혼연일체가 되어 춤추듯 길을 건너고 있다. 예상치 못하게 인도로 툭툭 튀어나오는 고향의 오토바이와 킥보드에 비해 오히려 더 안전한 느낌이다. 그렇게 그는 낯선 곳의 생활과 문화에 빠르게 스며든다.

물가와 교통에 대한 적응과 순응에도 여전히 만만치 않은 홀로 여행은 지름길과 편법을 찾아야 한다는 집착의 마음을 흔든다.

집착은 이해할 만하다. 모두가 너무나 과도한 경쟁에 노출되어 있다. 교통통신의 발달과 세계화의 거대한 쓰나미 속에서 피치 못할 세계사적 추세이다. 여기에 더해 이제 한국 사회의 유동성이 식으면서 사회적 차이가 계급으로 고착되려 한다. 떠나려는 막차에 자식을 꼭 태우려는 부모의 급한 마음이 한몫이다. 순간의 방황마저 없어야 한다고 성공한 어른은 지상명령처럼 꾸짖는다. 고등학교 때도 열심히, 대학 가서도 열심히, 유학 가서는 더 열심히 앞만 보란다. 그리고 주위 사람은 꽃길만 걸으라는 덕담을 습관처럼 내뱉는다.

지름길이고 꽃길인 여행이 있다. 한 무리의 사람들이 급하게 이리저리 효율적으로 돌아다닌다. 가이드를 따라 움직이는 관광객(여행자로 부르는 대신)은 낯선 도시에서도 겁이 나지 않는다. 깃발 관광은 헬기를 타고 편안히 등산한 느낌일지도 모른다. 그렇게 그들은 비슷한 기억을 안고 돌아온다. 기억의 대량생산이다. 좋은가?

분명 동물은 최소노력의 법칙을 따른다. 사자는 사냥과 사냥 사이에 잠을 잔다. 인간도 에너지를 절약해야 하는 동물인지라 지름길이라는 말에 마음이 혹한다.

그렇지만 인간은 동물과 달리 모순적이다. 호기심으로 세상을 탐구하고 이리저리 돌아다닌다. 힘들어도 떠남은 본능이다. 아마도 이리저리 돌아다닌 원시인이 진화적으로 더 많이 생존했을 터이다. 인간의 역마살을 증명하듯 적당한 거리를 두고 하는 출근길 재미가 쏠쏠하다. 이동 자체가 즐겁다. 여행은 이동을 훌쩍 넘어서는 돌아다님이다. 최소노력의 법칙을 고의로 위반한 행위이다.

혼자 배낭을 메고 돌아다니는 여행객은 예상치 못한 곤란에 부딪힌다. 말도 통하지 않고, 대놓고 하는 인종차별도 당한다. 곧 떠날 입장이라 그렇게 화나지 않는다. 이런 불편함과 부당함에서 무엇을 얻는가? 이야기이다. 불편한 여행에서 좋은 이야기가 나온다(bad trip, good story). 누구는 네 여행 이야기를 정체성 자본(identity capital)이라 부를지 모른다. 계약을 마무리하는 식사 자리를 즐겁게 해주는 소중한 밑천이다. 두고두고 이야깃거리가 된 고생길은 편안한 인생(여행)이 최고의 인생(여행)이라는 믿음이 경제학적인 착각일 뿐임을 암시한다.

이렇듯 여행에서 이리저리 돌아다니는 게 재미고 보람이다. 출근길과 등굣길에서 직선만을 고집하는 모습과 사뭇 다르다. 조그만 틈에도 얼굴을 스치듯 비집고 들어와 버리는 예의 없는 자도 여행길에서는 여기저기 둘러본다.

여행처럼 인생도 에둘러 가야만 보이는 것투성이다. 영화 『바람과 함께 사라지다』에서 여주인공은 남의 남자에 대한 착각과 미련 속에 자신과 그녀를 사랑한 남자의 인생도 허비한다. 가 보지 않은 길에 정신이 팔려 지금 가진 게 얼마나 소중한지 깨닫지 못한다. 실감 나는 비교가 없을 때 일어나는 흔한 착각이고 실수이다. 처음 합격한 직렬이 마음에 들지 않아 신입은 거의 정반대 업무의 직렬을 준비해서 합격했다. 그때야 비로소 알았다. 그래서 다시 시험을 쳐서 원래 자리로 돌아갔다. 청년의 친구는 지금 몸은 힘들지만 만족한다. 정시 퇴근이 아니라 의미 있는 일을 하고 싶어 한다는 걸 깨달았다. 에둘러 다른 곳을 둘러서 가지 않았다면 지금도 고된 업무라고 불평하며 불행했을 터이다.

그런데 행복마저 경쟁인 한국을 잠시 피해 떠난 여행에서 많은 한국인은 여행도 경쟁하듯 한다. 여유 있는 걸음이 아닌 무거운 배낭을 짊어진 독립군처럼 행군한다. 뭔가 뽑아내야 할 극댓값이라도 있는 양 촌각을 다툰다. 여행이 유명한 곳을 빠짐없이 찾아가 사진을 찍어야 하는 임무 수행이 되어 버린다. 사진에 집착하는 마음이 이해는 간다. 기억한다는 건 허망한 노릇이다. 빗물처럼 이국적 자극이 쏟아져 감각을 적시지만 담을 양동이는 없다. 그래서 사진을 그렇게 열심히 찍는지도 모른다. 너무 과할 따름이다. 아마 사진 찍기가 여행의 최고 기억으로 남을지 모르겠다.

그래도 어딘가 멀리 떠나는 마음이 속도와 효율에 집착한다고 보기는 어렵다. 멀리 출장 떠날 지친 중년은 대륙 간 여행을 몇 시간으로 단축해 버리는 슈퍼소닉 비행기를 좋아할까? 어린 왕자가 대신 답해 주고 있다.

> 이리저리 헤매다 어린 왕자는 알약 상인을 만났다. 한 알만 먹으면 일주일 동안 목이 마르지 않게 해 주는 약을 판다고 했다. "이 약을 왜 팔아요?" "시간이 굉장히 절약되니까. 일주일에 53분이 절

약되지." "그 시간에 뭘 해요?" "하고 싶은 걸 하지." "나 같으면 53분 동안 천천히 우물로 걸어가겠어요."(킥보드 타기에 대한 답이기도 하다)

빈틈없는 약속과 급히 걸려 오는 전화에 지친 청년은 답한다. 언제 가장 마음이 평화로운가? 바로 먼 나라 국외 출장의 비행기 안이다. 이 순간만큼은 일과 일상으로부터의 완전한 해방이다. 그와 연락이 되지 않는다는 걸 다들 안다. 그래서 그는 진심으로 모든 걸 내려놓는 시간을 가질 수 있다. 기차 여행도 그 자체가 즐거울 수 있다. 어디로 이동하는 것만이 아니다. 누구는 추억을 소환하고 누구는 인생 책을 구상하는 시간이다. 단 몇십 분째 낮은 목소리로 객실 안에서 통화하는 무뢰한이 주위에 없다는 조건에서 그렇다.

그런데도 마음먹고 나온 해외여행에서 한국인은 독립군으로 변모한다. 돌아와 사진첩을 보기 전까지 나그네는 급하다. 가는 곳마다 잠깐씩만 머무르고 밤차로 이동하면서 최대한 많은 지역과 나라를 돌고자 한다. 그래서 10일 동안 이국의 땅 열 군데를 돌았다고 치자. 과연 그의 경험은 한 군데 10일 머무른 이보다 풍부하다고 할 수 있을까? 알 수 없는 일이다. 순간순간의 강한 자극을 느낀 횟수가 많기에 술자리 자랑에는 많이 돌아다닌 쪽이 낫긴 할 것이다. 그러나 몇 년이 지난 후 여행 수필을 쓰기에는 아마도 한두 군데 오래 머문 이가 나을 것이다. 느린 여행자는 오랫동안 높은 언덕의 벤치에 앉아 시간의 풍화에 맞설 만큼 깊은 관찰로 이국의 풍경을 머리에 새기고 있다.

여행의 또 다른 깨달음이 있다. 끝은 모르는 편이 낫다. 끝이 정해진 여행이 알려주는 깨달음이다. 여행을 떠날 때마다 나는 몇 권의 책을 챙긴다. 혼자가 외로울 때 낯선 도시의 커피집에서 평소 읽고 싶었던 책을 읽겠다는 깜찍한 계획이다. 그런데 누구나 예상하듯이 이 계획은 보기 좋게 실패한다. 여행의 끝이 뻔히 보이니 하루하루가 너무 소중하다. 하루의 값어치가 얼마나 되는지가 실감 나게 달러로 계산이 된다. 본전 생각에 하루도 허투루 쓰지 못한다. 그래서 부지런히 아침 일찍 일어나기는 한다. 하지만 책을 읽지는 못한다. 이국의 평범한 일상에 스며들지 못한다. 또 다른 감각적 자극을 찾아 열심히 헤맨다.

짧은 여행처럼 돌아갈 날을 정확히 알면 마음만 급해시는데, 스토이 학파는 죽음을 상기하라고 줄곧 꾸짖는다. 필연적으로 닥쳐올 죽음을 까맣게 잊고 흘러가기만 하는 시간을 낭비한다고 세네카가 한탄한다. 사실 어쩔 수 없기도 하다. 우리가 태어나서 지금까지 경험한 것이라고는 삶뿐이니 말이다. 인간은 죽음을 머리로만 알 뿐이다. 가끔 들려오는 시인의 죽음은 남의 일일 뿐이다. 죽음의 망각에서 오는 불가피한 시간 낭비에도 불구하고 필멸의 정확한 때를 모르고 장수(長壽)에 대한 막연한 기대감으로 사는 게 어쩌면 다행한 일이다. 여행객처럼 언제 죽을지 정확히 안다고 믿으면 시간에 대한 강박이 생길 수 있다. '오늘 많은 시간을 낭비했군. 큰일이군.' 필멸자는 두리번두리번하지 못한다. 익숙한 것과 지금 당장 빨리할 수 있는 것에만 집중한다. 창조적 모험은 어림없다. 그냥 더 아끼고 더 많이 하는 효율에 매몰되어 매일의 삶은 습관적으로 그냥 어제처럼이다.

마지막으로 여행은 끝을 집착하는 마음의 어리석음을 일깨운다. 저질 체력을 무릅쓰고 고생 끝에 지리산 천왕봉 정상에 이른 새벽 올랐다. 감격도 잠시 청년은 금방 지겨워졌다. 예상치 못한 마음의 변덕에 허탈했다. 본전을 뽑아야겠다는 얄팍한 계산으로 조금만 더 머무르자고 고쳐 마음먹었다. 이도 잠시, 곧 한계치에 다다랐다. 하산길에서 문득 정상은 단지 걸어야 하는 동기를 부여할 뿐 산길 위의 걸음걸음이 즐거움이었다고 깨달았다.

산의 정상만큼이나 인생의 끝이 과장되어있다. 끝이 좋으니 모든 게 다 좋았다는 평가는 지극히 기억의 장난일 뿐이다. 인생의 마지막 자아가 다른 긴 시간대를 살아간 자아의 고통과 치욕을 없애 줄 수 없다. 반대로 끝의 초라함이 그때까지 만들어 낸 소중한 인생을 무로 돌리지도 않는다. 너의 기억이 그렇게 만들 뿐이다.

사실 인생에서 끝이 전부라는 게 말이 안 된다. 왜냐하면 모두의 끝에는 죽음이라는 패배가 기다리고 있기 때문이다. 인생은 졌잘싸일 수밖에 없다.

그래서 나는 토끼와 거북이 우화를 재해석하고 싶다. 천천히 가도 거북이처럼 꾸준히 가는 편이 길을 잘못 달리는 토끼보다 낫다는 이야기는 목표 달성의 관점에서는 맞을지 모른다. 그렇지만 토끼도 그리 나쁘지 않다. 많이 뛰어봤기에 많이 봤고 많이 겪었고 많이 배웠다. 토끼처럼 그제야 비로소 우리는 거울 앞에선 누이처럼 성숙할 수 있다.

결국 인생 게임은 네버엔딩이다. 이걸 이루면, 이걸 가지면 끝이라는 착각만이 있을 뿐이다. 가끔 봉우리 하나를 오르지만, 도파민의 세례를 잠시 즐긴 후 다시 여행을 계속해야 한다. 정복은 없다. 멈춤은 없다. 인생은 주제의 일관성이 그다지 높지 않은 단막극의 연속이다. 정말이지 진정한 게임의 끝은 죽는 순간뿐이다. 세상 소풍이 끝나는 날 "파이팅했고 좀 재미있었다"라고 말하기 전까지 자의반 타의반 게임은 계속된다.

그런데 한국인은 마지막 장면에 집착하는 감독의 지시를 따르는 배우처럼 알 수 없는 끝만 보고 달린다. 인생의 가치가 전적으로 해피엔딩에 있다고 믿는 듯하다. 왜 그토록 결말에 매달리는지는 알 수 없으나 좋은 끝을 위해 모든 걸 희생하려 한다. 한낮 해변 모래사장에서 놀고 있는 철없는 아이처럼 말이다. 모래성을 가지고 아웅다웅하고, 성을 밟은 꼬맹이를 때려눕혔지만, 해지는 저녁이 되면 쌓고 지킨 모래성을 발로 무너뜨리고 어머니가 부르는 집으로 돌아갈 것임을 모르는 아이처럼 말이다.

좁은 시야의 터널을 벗어나 탁 트인 들판을 걸어가는 여행자여, 잊지 마라. 구불구불한 인생길은 더 많이 잡고 더 많은 점수를 더 빨리 얻으면 그뿐인 비디오 게임이 아니다. 잘못하면 펑 하고 끝나는 게임은 무엇을 잘못했는지 바로 알려준다. 실수를 수없이 되풀이하다 보면 다음 단계를 통과할 수 있다. 속도와 장애물의 난이도만 올라갈 뿐이다. 규칙도 목표도 변하지 않는다. 터득한 전략과 기술도 유효하다. 인생은 정반대이다. 달성해야 하는 목적은 더 이상 외부에서 주어지지 않는다. 신을 죽인 시대에 인생의 목적은 각자 정하기 나름이다. 심지어 목적이 없다고 해도 살아가는 데 어려움은 없다. 다행히 대강의 경유지는 알려져 있고, 앞서간 고마운 이들이 읽어야 할 책들과 배워야 할 지식을 남겨 주긴 했다. 그래도 결국 무작정 떠나는 길인데 어디서 길을 잘못 들었는지 복기해도 잘 알 수가 없다. 인생은 같은 날이 무한 반복되는 영화 『사랑의 블랙홀(Groundhog Day)』이 아니기 때문이다. 집과 차를 사고 전공과 직업을 정하는 인생의 무거운 선택에는 겨우 몇 번의 반복만이 있을 뿐이다. 백년지대계의 인생인지 백 년 뒤에나 가르침의 피드백이 오려나 보다. 운이 좋다면 아주 드물게 현자의 타임이 오긴 한다.

그래도 잠깐의 교훈에만 매달릴 수 없다. 게임의 규칙이 자꾸 바뀐다. 등장인물도 한 번씩 싹 달라진다. 결국 희미한 가로등의 어두운 밤거리를 눈을 반쯤 가린 채 더듬거리며 걷는 게 인생이다. 배움은 어렵고 용기가 절실하다.

4. 오늘만 살아야 하나? 오늘만 살 수 있나?: 카르페 디엠의 행동과학

대학 새내기는 수업만 끝나면 흩어지는 군중의 무리 속 한 명이다. 왕따는 사라졌지만, 소속감이 희미해졌다. 과잠(학과 점퍼)만으로 버티기에는 턱없이 부족하다. 같이 학교 식당도 가고 중간고사도 함께 준비하고 미래도 더불어 걱정할 친구가 정말로 필요하다. 절실한 만큼 금방 만난다. 오래전부터 알고 지내 온 사이 같다. 폐쇄의 고리가 빠르게 그들을 묶어준다. 안심이다.

그런 친구가 요즘 자꾸 약속에 늦는다. 그래도 친구라며 참는다. 친구도 이내 행동을 고친다. 어느덧 4학년 2학기다. 만나기로 한 그 친구가 연락도 없이 아직 나타나지 않고 있다. 최근 들어 기다림이 반복된다. 굳이 기다려야 하는가? 그는 이내 자리를 떴다. "그래도"에서 "굳이"로 바뀐 마음이다.

이처럼 인간관계의 부침은 관계에 주어진 시간, 남은 미래의 길이에 크게 달려 있다. 룸메이트와 공동생활하는 자취방의 계약이 곧 끝나는가? 경제 실정으로 인기를 잃은 대통령의 연임이 힘들어 보이는가? 수업을 담당하는 이가 타전공 교수인가? 학생은 의사로부터 시한부를 선고받았는가? 답이 네라면 이제 그들의 행동이 달라진다. 룸메이트는 같이 쓰는 방의 전기를 아끼지 않고, 고위 관료는 인기 없는 대통령의 지시를 뭉개버린다. 타전공 교수의 교양수업에서 학생은 대놓고 딴짓이고, 시한부의 학생은 바로 학교를 그만둔다. 남은 미래의 길이가 매우 짧다고 믿으면 오늘 그는 돌변한다.

반대로 긴 미래를 기대하는 마음에는 참을성이 있다. 사실 협동 연구의 대가가 협동의 조건으로 가장 중요하게 지목한 요소가 바로 관계의 지속성이다. 관계의 미래가 길수록(혹은 길다고 믿으면), 개인은 눈앞의 부당한 욕심을 차리고자 기회주의적으로 행동하기보다 더 큰 미래의 기대 이익을 위해 오늘 못된 마음을 억누르고 상대와 협력한다.

관계만이 아니다. 삶을 대하는 태도 역시 주어진 시간에 대한 기대에 달려 있다. 사실 한국의 경제발전은 자식의 인생마저 자기 인생 시간에 포함한 이전 세대의 희생에 크게 힘입었다. 젊은 날 열심히 일했고, 아껴 저축했고, 아이들 교육 시켰고, 태어난 손자마저 돌보았다. 그러다 덜컥 불치병에 걸려 생을 마감했다. 이는 우리가 주변에서 자주 듣는 이야기이다. 서구의 양육과 대조할 때 그들의 희생이 더욱 뚜렷했다. 이런 희생은 그들이 자기 인생에 생물학적 죽음 저 너머의 시간을 더했기에 가능했다.

남은 시간만큼이나 가는 시간 속에서 마음은 속절없이 변한다. 제대가 얼마 남지 않은 말년 병장은 떨어지는 낙엽에도 조심한다. 끝이 보이니 겁이 난다. 어느 아프가니스탄 참전 군인이 자신의 변심을 나에게 들려주었다. 그는 평소 위험한 임무에 스스럼없이 손을 들었다. 그는 전투 때마다 약간의 흥분마저 느꼈다. 하지만 그런 그가 호주로 돌아갈 날이 정해지자 갑자기 전투에 참전하는 것이 꺼려졌다고 했다. 나는 군 복무가 한창일 때는 동료와 군 생활에 관심이 높았고 끝나는 시점에서는 제대 후 삶에 관심이 커졌기 때문이지 않았을까 상상해본다.

그럼 모든 걸 다 바꾸어 버리는 시간은 왜 점점 빨라지는가? 나이 들어가는 이들의 하나같은 느낌이다. 여러 설명이 있으나 나는 간단한 공식이 마음에 든다. 살아온 시간에 대비하면 하루의 비중은 점점 더 작아진다. 다섯 살에게 1년은 그의 전체 인생에서 1/5이다. 50년을 산 자의 1/5은 10년이다.

살아온 시간만큼이나 정해진 시간의 끝이 분명히 보일수록 시간은 빨리 가는 것 같다. 젊은이는 이를 미리 느껴 볼 수 있다. 평소 빈둥빈둥하던 젊은 민간인은 입대 전 남은 날짜를 세기 시작한 때부터 하루도 허투루 보내지 않는다. 미션 목록을 하나씩 지워나가면서 지나간 하루를 아까워한다.

입대를 앞둔 젊은이 같은 마음이 50대 후반에 밀려온다. 혈기 왕성한 시절을 조용히 보낸 중년은 최근 들어 한해 한해 노쇠를 실감한다. 빨라진 시간의 흐름, 남은 시간이 많지 않다는 조바심, 더 이상 인생의 즐거움을 마음대로 취할 수 없을 것 같은 불안감 등에 마음이 급해진다. 30대나 40대에는 생각지도 않았던 일탈을 꿈꾼다. 위험한 순간이다.

그래도 현명한 그는 주기적으로 네이버에서 자신이 꿈꾼 일탈을 검색해 본다. 남들에게 무슨 낭패가 진짜 벌어졌는지 꼼꼼히 살핀다. 그리고 아직도 많은 시간이 남았고 오래 건강하게 살 수 있다고 마음을 바꾸어 먹는다. 이제 일탈 대신 몰입의 카르페 디엠을 실천한다.

> 묻지 마라. 신이 나와 너에게 어떤 결말을 허했는지를 아는 것은 금지되어 있다. 점쟁이에게 묻지 않고 그냥 닥치는 대로 견디면 참 좋을 텐데. 조바심 내며 이야기하는 동안에도 시간은 흘러 지나갈 테니. 미래를 믿는 걸 줄일 수 있을 만큼 줄이고 카르페 디엠(Carpe Diem).

시인의 호소와 반대로 신이 무엇을 준비해 놓았는지 미리 알아 버린 성급함이 오이디푸스의 비극이다. 아들의 비극적 운명을 알리는 예언을 굳게 믿은 군왕과 왕비가 갓난아이를 숲에 버리면서 비극은 시작되었다. 감당할 수 없는 앎이었다. 점괘 자체가 사건의 핵심 원인이 되어 모두를 망쳐 버렸다. 점괘는 자기실현적 예언(self-fulfilling prophecy)으로 작동했다. 또 다른 어리석은 궁금증도 유명하다. 자신의 왕국이 망한다는 신탁을 들은 이웃 나라 왕은 미래의 불행한 결말을 막아 보고자 서둘렀다. 말기 암 환자가 희박한 가능성의 위험한 수술에 동의하는 마음이었다. 위험한 정책 도박은 실패했고 왕국은 망했다. 왕이 미래를 몰랐고, 태평했다면, 나라는 쇠퇴했겠지만 바로 망하지는 않았을 터였다. 그는 신탁에 언제 어떻게 망하는지 물었어야 했다. 영화 『쿵푸팬더』 1편에서 악당 타이렁이 감옥에서 탈출할 수 있었던 것도 우그웨이가 그의 탈출을 미리 보았기 때문이다. 걱정이 앞선 시푸의 확인 명령에 급히 감옥에 날아간 새의 떨어진 깃털로 타이렁은 무거운 자물쇠를 열어 버린다.

원래 신탁과 예지몽은 아이가 어떻게 성장하고 나라가 언제 망하고 타이렁이 어떻게 탈출하는지 구체적으로 말해 주지 않는다. 그럼 틀릴 테니 말이다. 틀릴 수 없는 두루뭉술한 신탁은 전쟁에서 이긴다고만 답했다. 그래서 왕은 기쁜 마음으로 전쟁을 시작했고 망했나. 신탁은 틀리지 않았다. 다만 이기는 쪽을 말해주지 않았을 뿐이다.

미래를 비롯해 불확실한 것은 불확실한 대로 내버려 두는 지혜가 필요하다. 모르는 게 정말 약이다. 왜 HIV 전수 검사를 하면 안 되는가? 위양성의 문제가 심각하다. 특별히 에이즈에 대한 사회적 낙인과 수치를 고려할 때 위양성은 한국인에게 섬뜩하다. 건강검진에서 동의하지 않는 HIV 검사는 중지되어야 한다. 당연히 선진국은 자국민에게 검사를 강요하지 않는다. 그렇지만 장기체류 비자를 신청한다면 캐나다 정부는 너에게 검사를 강제한다. 외국인의 인권보다 자국민을 치명적 전염병으로부터 보호하는 것이 더 중요하다는 판단인 듯하다. 인터넷 카페에는 1차 검사에서 양성이 나와 맥락상 어이가 없다는 주부의 이야기가 눈길을 끈다.

첨단 유전자 검사 기술로 아주 어린 나이에 장래의 질병 유무를 알 수 있다면 의료보험이 위태로워진다. 의료보험은 무지에 기초하고 있다. 치명적 질병을 잉태한 유전자를 누가 갖고 태어났는지 모르기에 공동체가 십시일반이다. 그런데 만약 유전자 해독 기술 덕분에 인구의 반이 자신은 중대 질병에 걸릴 수 없음을 확실히 알아 버렸다고 가정해보자. 그럼 이제 이들이 빠져나간 보험 시장에서 불안한 나머지(이들 중 소수만이 걸림)의 보험료가 터무니없이 높아진다. 범죄자와 범죄행위를 미리 아는 세상을 묘사한 영화 『마이너리티 리포트』가 그리는 음울함이다.

이래저래 미래를 너무 궁금해하지도, 너무 정확히 알지도 말아야 한다는 건 자명해 보인다.

그런데 한국인은 미래를 심문하면서 끊임없이 타인을 숨막히게 한다. 거의 정신적 학대 수준이다. 어느 대학 갈 거니, 어느 직장 갈 거니, 누구랑 언제 결혼할 거니, 어디에 살 거니, 언제 이사 갈 거니 등등 천편일률의 심문이다.

이와는 조금 다른 미래 지향성 역시 만만치 않다. 단단히 고정한 먼 미래의 목표를 향해 어린 나이 때부터 한 치의 흐트러짐이 없어야 한다는 조언 같은 경고이다. 예를 들어 공무원이냐 유학이냐를 대학교 1학년 때 결정하고, 변경은 금물이고, 다른 쪽은 쳐다보지 마라. 유학 가서도 연애도 하지 말고 공부에만 매진하라. 거의 꼬박 10년을 계획 변경 없이 집중해야 하는 인생을 역설한다. 중간에 삐끗 잘못하면 도로 아미타불이라는 경고도 빠지지 않는다.

위의 독일 병정 같은 삶의 조언을 불평하기에는 우리나라 현실이 팍팍하다. 지위 경쟁에 뛰어들고자 마음먹은 가족의 아이는 어려서부터 숨막히게 살 수밖에 없다. 대학교는 중학교 2학년 때 정해진다는 살 떨리는 속설에 의심의 여지가 없다. 더군다나 나이가 깡패인 문화적 습성상 모든 단계를 제때 해내야 한다. 때를 놓치면 너무 힘들어지는데 미래의 좁은 길만 보지 말라고 어찌 편하게 말하겠는가?

그래서 때를 놓쳐도 괜찮았던 사법고시와 학력고사는 나쁘지 않았다. 암기 위주의 노력 한방으로 과거의 실수를 깨끗이 지울 수 있었다. 지금의 법학전문대학원은 낮은 고등학교 학업 성취도를 딛고 새롭게 시작하려는 이에게 매우 어려운 관문이다. 미국의 로스쿨에 입학할 수 있는 학적 경로는 다양하다. 언제라도 정신 차리고 4, 5년 열심히 하면 과거의 출발선과 상관없이 로스쿨에 들어가서 변호사가 될 수 있다. 한국에서는 어린 시절 잠깐의 방황과 가정형편의 어려움에 따른 실패를 바로잡기가 점점 더 어려워지고 있다.

우리 사회가 어린 시절의 실수가 치명적인 실패로 이어지지 않도록 경로의존(경로제약)을 파괴할 때 미래에 대한 걱정도 줄고, 더 평등해질 것이다. 지혜를 모아야 한다.

그럼 개인은 승자독식의 비좁고 붐비는 길에서 발버둥 치는 대신 어떻게 살아야 하나? 미래의 부질없음을 깨닫고 현재의 육체적 감각에 충실한 향락에 빠져야 하나?

공자의 조문도석사가의(朝聞道夕死可矣)에서 실마리를 찾을 수 있다. 이 문장에서 열정의 화신인 공자는 어쩌면 너와 나에게 그렇게까지 알고 싶은 구함이 있는지 묻고 있다. 그는 그렇게 몰입한 듯하다. 몰입은 지금 여기라는 무대를 비추는 눈부신 조명이다. 배우가 관객을 볼 수 없듯이 지금 절실히 구하는 자에게 초조한 미래는 사라지지 않지만 가려진다. 카르페 디엠.

미래와 과거 사이에 끼어버린 현재가 소리친다. 현재는 순간이다. 현재가 차지하는 시간은 참으로 짧고, 모두가 공평하게 가지고 있다. 과거는 지나갔고, 미래는 아직 손에 있지 않고 죽음으로 잃는 것은 오직 현재뿐이다. 몰입으로 현재를 소진하라.

5. 궁즉통(窮則通): 확률론으로 알아채는 인생

궁즉통(窮則通)은 청년이 어려웠던 대학 시절 스스로 작명한 호이다. 아직도 몇몇 후배가 기억해주는 별명이다. 당시 정신 승리를 위한 자기규정이었다. 지금 생각해보니 궁즉통에는 우연을 둘러싼 통계적 진리가 숨어 있다. 궁즉통의 지혜로 지금까지 논의한 우연과 인생에 관한 이야기를 종합해보자.

우연한 경우의 수를 계산하는 두 가지 방식으로 조합(combination)과 순열(permutation)이 있다. 순서가 중요한 순열이라면 모두의 인생이 다 특별해진다. 인생이 조합이라면 같은 범주에 속한 이들의 인생은 같아야 한다. 아마도 인생은 순열과 조합 사이 그 어디쯤 있을 것이다.

이를 좀 더 깊이 고찰하기 위해 인생에서 우연의 성격을 요모조모 살펴보자. 먼저 사다리 게임 같은 우연일까? 그렇다면 각각의 시작은 알 수 없는 경로를 거쳐 특정 결론에 미리 이어져 있다. 각자는 자기만의 경로를 따라가지만, 아무도 결과를 예측하지 못한다. 좋은 결과의 근처까지 접근했던 경로는 갑자기 엉뚱한 곳에 처박혀 버린다.

알 수 없지만 하나의 길을 따라 미리 정해진 하나의 결과로 진행하는 사다리 게임과 달리 대부분의 인생이 비슷비슷해 보인다. 앞서 5장 1절에서 다루었듯이 긴 인생의 시간 동안 수많은 우연이 서로를 상쇄하기 때문이다. 중심극한정리이다. 화학에서 질량 보존만큼이나 인생에서 행복 총량 불변의 법칙이다. 행복의 양이 서로 비슷하다는 말이다. 조합에 가깝다.

순열도 보인다. 예를 들어 같은 실수라도 언제 하는가에 따라 인생에 미치는 영향이 달라진다. 만약 중2 성적이 대학 입학을 좌우할 정도라면 어린 나이 때 저지른 실수는 돌이키기 어렵다.

발생 순서가 중요하다는 것은 오늘은 어제에, 내일은 오늘에 크게 종속된다는 의미이다. 사다리 게임에서와 같은 급진적 경로 변경은 없다. 경로의존이다. 잘되는 집안만 계속 잘 되면서 승자와 패자의 차이가 시간이 갈수록 커진다. 예를 들어 카카오톡의 성공과 나머지 경쟁사의 사라짐이다. 정치에서는 더 극적이다. 누구는 5선 6선인데 누구는 번번이 낙선이다. 어느 가문은 삼대째 수령으로 군림하고 패자의 삼대는 소리소문없이 죽어 나간다. 거대한 불평등이다.

반대로 사건과 사건의 종속성과 순서의 중요성이 사라지면 평등이다. 앞서 이미 다루었듯이 독립적 사건의 합은 정규분포를 보인다. 인생에서 (독립적인) 우연의 횟수가 많아질수록 개인의 행불행이 엇비슷해진다. 우연의 아름다움이다.

오해가 없기를 바란다. 우연과 운의 속성인 평등성을 사랑하지만 나는 실력에 따른 보상의 차이(현격한 차이를 거부할 뿐이다)를 원한다. 업적주의는 근대화의 소중한 과실이다. 실력에 비례하는 결과와 보상은 정의로운 것이다. 인생을 좌우할 수 있는 시험에서 최대한 운의 요소를 약하게 만들어주어야 하는 도덕적 근거이다. 공정과 정의를 여전히 믿는 청년은 사지선다와 오지선다를 넘어 육(六)지선다를 제안하고 싶다. 그럼 찍기는 점점 더 힘을 잃는다.

그런데 육지선다마저 사치스럽다고 느끼게 할 만큼 무서운 불확실성이 사방 천지이다. 기술 발전의 가속도에 가속이 붙은 시대이다. 점점 더 미궁인 세상은 학교와 너무나 달라졌다. 학교에서 학생들은 풀어야 할 문제와 풀이 규칙이 주어진 상황에서 답을 찾는다. 그 어렵다는 바둑이 그렇다. 이런 식의 학습 환경을 친절(kind)하다고까지 표현한다. 반대로 가속의 가속인 세상에서 인생 문제는 대부분 친절하지 않다. 암기 위주의 공무원 시험이 아니다. 취업을 준비하는 젊은이들은 "도대체 누가 붙는 건지 감도 오지 않는다"라고 하소연이다. 그런데 인사권자들 역시 매일 매일을 임기응변으로 헤쳐 나가는 인물일 뿐이다. 누구도 너에게 다음에 무엇을 풀어야 하는지 알려 주지 못한다. 답은 고사하고 무엇이 문제시되어야 하는지가 문제이다.

이 와중에 측정이 가능한 실력은 상향평준화되니 운은 더욱 중요해진다. 비슷비슷하게 뛰어난 실력의 소유자가 점점 더 많아진다. 그리고 많은 경쟁 분야가 이제 소수만 살아남는 승자독식이다. 극소수의 승자에 버금가는 실력의 무수한 패자가 낭패를 보는 시대이다. 확실한 무언가를 가지고 싶은 무서운 불확실성의 시대이다.

사실 운을 불편해하는 태도에는 확률적 근거가 있다. 한번 따져보자. 여권 검사대처럼 긴 노끈 줄을 이용한 줄서기는 어떠한 우연도 배제되도록(first come, first serve) 하는 일렬종대이다. 복불복은 없다. 번호표 뽑기도 마찬가지이다. 하지만 은행 밖에서는 여전히 복불복의 줄서기가 대세이다. 붐비는 지하철에서 출퇴근 시민은 이를 매일 학습한다. 각자는 여기저기 자리 앞에 선다. 자기 앞자리 승객이 다음 역에서 내리기를 기대한다. 그렇지만 꼭 나보다 다른 이들이 먼저 자리에 앉는다. 세상이 나에게 앙심이라도 품었나 하는 불만이지만 머피의 법칙은 확률적으로 당연한 결과이다. 열 명이 서서 기다릴 때 내가 가장 먼저 앉을 확률은 1/10에 불과하다. 내가 아닌 다른 누군가가 먼저 앉을 확률은 9/10이다. 그렇게 우리는 운이 던지는 정서적 부당함을 자주 맞을 수밖에 없다.

상향평준화의 세상이기에 머피의 법칙이 줄서기를 넘어 인생의 성패에까지 끼어들고 있다. 간단한 사고실험으로 살펴보자. 시험 성적 95점과 면접 5점으로 신입사원을 뽑는 기업이 있다. 면접관의 특이한 취향에 좌우되는 면접은 0점에서 5점 사이의 복불복이다. 너는 95점 만점으로 1등했다. 그런 너와 다른 만만찮은 경쟁자 모두의 면접 기댓값은 평균인 2.5점이다. 여기서 머피의 법칙이 튀어나온다. 네가 아닌 너에 살짝 미치지 못하는 누군가가 면접에서 만점을 받고 합격할 확률이 매우 높다.

그래서 지금 시대는 더더욱 진인사대천명(盡人事待天命)이다. 성공에 안달하지 않고 과정에 몰입(flow)하는 정신이 절실한 시대이다. 그리고 다시 반복하는 근성도 필수적인 시대이다. 단 반복할 수 있도록 사회가 도와야 한다. 예를 들어 한해 정원을 반반 뽑는 식으로 6개월마다 채용 절차를 진행하면 어떨까 상상한다.

특별히 창의적 직업군에 종사하는 자는 우연에 강한 내성을 기워 대천명에 편안해야 한다. 자신은 지금 방바닥에 엎드려 시나리오를 쓰고 있는 작가이자 감독이다. 고만고만한 평균이 아니라 우연(어디선가 들려오는 멜로디와 시구)에 기대어 대박 작품에 운명을 건 자이다. 그래서 자주 헛방이고 꽝이다. 불안한 수입이다. 그렇게 주눅이 들고 회의가 밀려오고 실패할지 모른다는 걱정에 불면의 밤이다. 그리고 실제로 많은 이들이 실패한다. 누구도 너에게 101번째 틀린 길을 알아내었다고 칭찬하지 않는다. 어쩌랴. 위대한 우연을 겁 없이 추구한 많은 이의 실패 덕분에 위대한 예술과 과학을 누리고 있음을 대부분은 절실히 깨닫지 못한다.

우연에 대한 깨끗한 사고는 겸허한 태도와 함께 전략적 선택에도 도움을 준다. 첫째, 직업 선택이다. 성공에서 능력과 운이 차지하는 비율이 직업마다 다르다. 너는 컴퓨터공학과를 최우수 성적으로 졸업했다. 그런 너에게 정치인이 정당에서 함께 일해 보자고 제안한다. 아마 너는 이 제안을 거절하고 유망 스타트업에 들어갈 것이다. 바른 선택이다. 직업으로서의 정치는 인적 친소관계라는 운이 크게 작용하는 분야이다. 제내 유력인사의 눈에 들어야 큰 성공을 바랄 수 있다. 반대로 기술력이 떨어진다면 정치에 뛰어들어 자신의 운을 시험해 보아도 나쁘지 않다. 헷갈리지 마라. 컴퓨터 공학자 출신의 정치인은 정치를 시작하기 전 잘 먹고 잘사는 호구지책을 확실히 한 인물이다. 그에게 정치는 도박이 전혀 아니다.

둘째, 과학 분야의 국가적 운영 원칙이다. 창의적 활동의 통계적 특징은 바로 커다란 분산(우연)과 상대적으로 낮은 평균이다. 따라서 창의적 연구자의 정량적 연구성과가 얼핏 문제 있어 보일 수 있다. 창의적 연구 활동에 매진하는 자가 불리한 처지에 내몰릴 수 있다. 이런 가운데 근거가 합당한 연구 실패를 성과로 인정하지 않는 풍토는 과학자를 모범생처럼 행동하도록 강요한다. 그런데 모범생은 통계적으로 높은 평균과 낮은 분산으로 일관성에 강점을 가진 자일 뿐이다. 무언가 획기적 돌파구를 발견할 가능성은 별로 없다. 결국 대박을 꿈꾸었던 미친 자는 힘들어하는 가족의 압력에 홀린 대신 평균 타율을 높이는 쪽으로 연구 방향을 돌린다. 국가적 손실이다.

셋째, 사회 관리이다. 소중한 인재가 다양한 분야에서 창조적 모험에 뛰어들 수 있도록 사회 전체가 함께 나서야 한다. 무엇보다 거듭되는 실패에 너그러운 복지 제도를 마련해야 한다. "쫄리면" 창의는 나올 수 없다. 천재의 창조를 인내심 있게 기다려 그의 성공을 모두가 누릴 수 있도록 모험에 뛰어들었던 실패자를 보호해 주어야 한다. 이를 악용하는 도덕적 해이는 뿌리 뽑겠다고 덤비는 대신 적당한 수준에서 관리하는 식이 바람직하다.

넷째, 소확행을 의심하는 것이다. 과연 분산을 줄인 모범생은 안전한 삶을 살 수 있을까? 인생에서 운에 대한 공자의 생각을 엿볼 수 있는 구절이 있다.

> 인간의 삶은 원래 정직한 것이다. 정직하지 않으면서도 살 수 있는 것은 요행히 화를 면한 것일 뿐이다(人之生也直 罔之生也幸而免).

이 말의 이면을 뒤집어 보면 정직하고 반듯하면 요행의 도움 없이 화를 면할 수 있다는 말처럼 들린다. 공자가 인생의 불확실성을 너무 얕잡아 보지 않았나 생각한다. 정직하게 살아도 불운의 쓰나미를 피할 수 없다.

그래서 나는 소확행을 불신한다. 높은 확률의 소소하고 즐거운 자극을 자주 가지는 것에만 주목한 소확행은 낮은 확률의 매우 위험한 파국이 그리 멀리 있지 않다는 사실을 가릴 수 있다. 소소한 행복을 쌓았지만 거대한 불행의 쓰나미에 모든 게 쓸려 버릴 수 있다. 가늘고 길게 갈 수 있는 게 아니다.

위험한 소확행

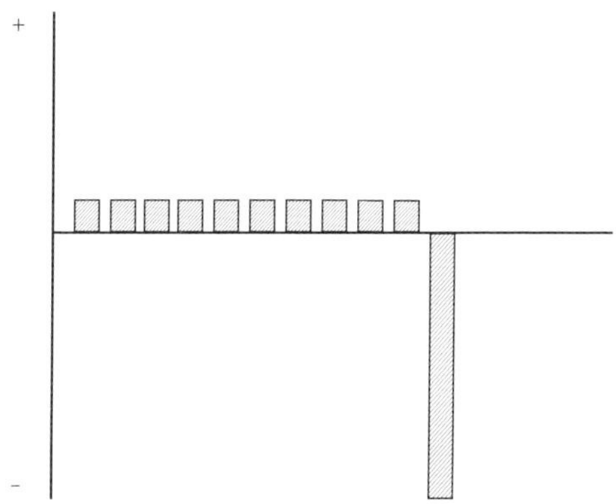

거대한 쓰나미뿐만 아니라 어리석음이 길게 가는 걸 망친다. 소소한 것은 확실하다는 착각 속에서 작은 행복을 얻기 위해 그릇된 행동을 하다 큰 사고를 친다.

진정한 소확행은 승리를 구하기 전에 먼저 패배하지 않도록 대비하라는 손자의 정신에 맞닿아 있다. 생물인 우리에게 조악하나마 한 끼를 때우는 것의 한계효용은 매우 크다. 적당한 어려움은 소박함으로 정신 승리하면 그만이다. 문제는 소박함이 통하지 않는 큰 어려움에 가끔 직면한다는 것이다. 점점 더 사회경제적 파국의 주기가 짧아지는 듯하다. 몇 번의 고비를 넘긴 중년의 한국인에게 이제 인구절벽이라는 쓰나미가 기다리고 있다. 은퇴 후 연금에 의지하는 삶이 가당할지 의심스럽다.

그래서 소확행을 지키기 위해서라도 모험을 마다하지 않아야 한다. 소확행을 누리는 동안 낮은 성공 확률의 큰 꿈을 꾸준히 추구하는 것이다. 이 과정에서 발생하는 소소한 손해와 약간의 속쓰림은 참고 견디는 것이다. 그럼 소확행은 소심한 머무름이 아니라 도약을 위한 발구름이 되는 것이다. 몰입으로 살맛도 더 날 것이다.

대박을 좇는 삶에서 주기적으로 느낄 수밖에 없는 정서적 불안을 이기기 위해 궁하면 통한다는 궁즉통의 낙관이 필요하다. 바닥이라 이제 올라갈 일밖에 없다는 흔한 위로가 통계학적으로 타당하다. 유명한 평균으로의 회귀(regression to the mean)이다. 여러 어려움이 우연히 한꺼번에 닥치면서 바닥을 친다. 그런데 이 또한 지나간다. 통계적 확실성이다. 시간이 지나면서 우연의 일치는 스스로 허물어진다. 버티고 기다리는 것만으로도 바닥에서는 벗어난다.

궁즉통과 평균으로의 회귀를 잠시 음미해 보자. 궁즉통은 아이의 행동 발달에 큰일 났다며 금쪽이 박사를 찾지 않아도 되는 이치이다. 금쪽이 박사의 상담비가 비싸다고 한다. 좋은 돈벌이뿐만 아니라 내담자를 선별하는 영리한 조치이다. 아이의 행동은 기질적 요인과 함께 알 수 없는 다양한 변수에 큰 영향을 받는다. 우연이 큰 부분을 차지한다는 의미이다. 독립적인 우연의 집합이 만드는 정규분포의 세상에서 극단적 우연(평균에서 표준편차의 두 배 정도 벗어난 우연)의 다음은 항상 덜 극단적이다. 평균으로의 회귀이다. 아주 행동이 나쁜 아이는 금쪽이 박사의 비싼 상담을 받고 얼마 지나지 않아 나아진다. 아이 부모는 역시 금쪽이 박사님이라 감사해한다.

비싼 통증 치료 병원이 돈벌이가 잘되는 이유이기도 하다. 여기에는 평균으로의 회귀와 함께 플라세보 효과가 더해진다. 교통이 좋은 곳에 비싼 건물을 짓고 단가를 세게 부른다. 그럼 가까운 동네 시설에서 효과를 보지 못하고 정말로 통증이 심각해진 환자들이 멀리서 찾아온다. 이것은 선별의 효과이다. 평균으로의 회귀가 일어나기 직전의 환자가 몰리는 것이다. 정점을 찍은 통증은 가만 내버려 두어도 다소나마 약해지니 말이다. 그리고 플라세보 효과가 함께 작동한다. 이번에는 우연도 착각도 아니다. 관리받고 관심받는다는 느낌이 몸을 낫게 한다. 과학적으로 증명된 사실이다. 여기에 비싼 돈을 주고 멀리까지 나온 불편함까지 더해지니 자기 정당화의 욕구마저 강해진다. 통증은 빠르게 약해진다. 잘 본다는 소문도 빠르게 퍼진다.

데이트에서는 궁즉통의 역으로 평균으로의 회귀가 작동한다. 너무 느낌이 좋아서 다시 만났는데 별로인 경험을 누구나 가지고 있다. 두 가지 요인이 개입한 게 아닐까 상상한다. 첫 만남이 주는 신선함이 첫 번째이다. 여기에 알 수 없는 우연적 호감이 그 순간 더해지는 것이 두 번째이다. 당연히 최고의 첫 번째 데이트는 다음번의 실망이다. 신선함도 죽었고 순간의 호감도 어디론가 날아가 버렸다.

코로나도 궁즉통이다. 불규칙적이지만 가끔씩 확산이 크게 진정되는 순간이 있다. 우연의 힘이다. 그런데 대통령이 이를 자축하는 실수를 주기적으로 범했다. 대통령의 저주라고 불릴만한 규칙성의 원인(?)은 통계적 힘이었다. 아주 좋은 결과에는 정부의 노력과 함께 우연이라는 큰 도움이 숨어 있었다. 대운은 곧 작아질 수밖에 없었다. 우연인지 정부의 진정한 성공인지를 판가름하는 가장 좋은 수단은 기다려 보는 것이었다. 자축의 시간을 연기했어야 했다. 그럴 수는 없었다.

인기에 목마른 대통령과 달리 너는 궁즉통을 알기에, 기다려야 한다.

VI

그래도 의미가 있다:
실천 지침

VI.
그래도 의미가 있다: 실천 지침

카뮈는 인간은 즐겁게 끊임없이 싸워야 한다고 적고 있다. 바위가 결국 굴러떨어진다는 걸 알면서도 말이다. 공자도 비슷한 결기를 일깨운다. 논어에서 공자는 자신은 군자가 아니고 군자도 보지 못했다고 말한다. 어쩌면 노자 쪽 사람들의 놀림처럼 공자는 안 되는 줄 안 듯하다. 그래도 어찌할 바를 모르는 제자들에게 공자는 사람이 사람과 어울려 살며 노력해야 한다고 타이른다. "그래도 파이팅해야지" 정신이 느껴진다.

우리가 찾아 헤매는 인생의 의미는 정의할 수 없는 그 무엇이다. "아" 하고 순간의 깨달음이 왔다가도 굴러내리는 바위처럼 의미는 잡힐 듯 잡히지 않는다. 왜냐하면 우리네 삶을 결국 덮쳐 버리는 참을 수 없는 존재의 허무함 때문이다. 과학 에세이 『물고기는 존재하지 않는다』의 한 구절이 이를 멋지게 표현하고 있다.

> 그것은 혼돈이었을 것이다. 그것은 내가 어려서부터 똑바로 바라보지 않으려고 무던히도 애써왔던 그 세계관이었을 것이다. 아

무런 목적도 의미도 없이, 개미들과 별들과 함께 세상의 가장자리 에서 떨어져 내리는 느낌, 소용돌이치는 혼돈의 내부에서 바라본, 차마 마주 볼 수 없을 만큼 눈부시고 가차 없고, 뚜렷한 진실, "너는 중요하지 않아"라는 진실을 흘낏 엿본 바로 그 느낌일 것이다.

가차 없고 뚜렷하게 들려오는 천상의 광활함은 인간이 추구하는 의미가 의미 없다고 속삭인다. 때때로 빰을 후려진나. 신을 죽이고 얻은 피할 수 없는 허무함이다.

가끔은 그런 천상의 목소리와 정면 승부를 펼치고 싶다. 의미의 혼돈 속으로 뛰어들고 싶은 욕망이다.

실패할 것이다. 실패해야 한다. 목적론적 의미를 찾았다는 확신은 항상 기아와 살상의 인도주의적 비극을 낳았다. 그럼 도대체 무엇에 매달려 나의 어깨를 두드려야 하나?

개미를 상상한다. 개미는 각자에게 주어진 단순하고 부분적인 임무를 수행한다. 어느 개미도 전지적 작가 시점을 가지고 있지 않다. 여왕개미마저 유전자가 부여한 단순 업무를 반복적으로 수행한다. 그렇게 정교한 개미 공동체가 만들어진다. 우리의 뇌도 그렇다. 무수한 각각의 뉴런이 수행하는 작업은 너무나 단순하다. 누구도 판독할 수 없을 정도로 얽히고 설키면서 뇌는 놀랍게도 우주를 상상한다.

사회 역시 비슷하다. 신체적 지적 능력이 크게 제한된 개개인으로 분리된 우리도 개미보다는 복잡하지만, 여전히 단순한 행동 규칙(사이코패스는 따르지 못하는)을 따른다. 자신의 근시안적 개별 행동에 공동체적 의미를 부여한다는 점에서 개미와 차이가 있을 뿐이다. 공동체에 대한 봉사는 진화적으로 본능적 욕구이다. 국립묘지를 빼곡히 매운 무명용사의 묘비와 봉사가 주는 행복에 관한 연구는 이타성이 우리 머릿속 깊이 뿌리박혀 있음을 간접적으로 증명한다. 결국 우리의 주요한 행동 원리 중 하나를 근시안적 공동체주의라 명명할만하다. 그런 개인의 수와 행위가 무수하다.

여기서 나는 칸트를 흉내 내어 복잡계의 통찰을 표현해 본다. 나는 우리의 무수한 근시안적 공동체주의적 행동이 모이고 모여 고차원적인 질서를 만들어 낼 것(복잡계 용어로 거동emergency)을 확신한다. 무슨 질서가 일어날지 누구도 사전적으로 모를 뿐이다. 공동체에 선한 이바지를 하겠다는 의지에 따른 각자의 극히 국지적인 실천이 복잡하게 결합하면서 인류는 무작위의 해체(엔트로피)에 저항하고 있다.

이런 신념으로 파이팅하지만 그래도 가끔 서글픈 감상은 피하기 어렵다. 인류학자의 표현처럼 의미의 거미줄을 뽑고 또 거기에 스스로 붙들린 개인은 발버둥을 치지만 결국 남은 판돈마저 던져 놓고 빈털터리로 도박장을 나와야 한다.

그래도 몇 가지 인생의 도박장에서 조금 더 오래 즐겁게 놀 수 있는 지혜(시민병법)를 감히 명령문 형식으로 요약 정리해본다.

1. 학이시습지이다. 마음을 힘들게 하는 집착을 피하고 주의력을 앗아가는 유튜브의 알고리즘에서 벗어나 과정을 즐기는 몰입을 얻는 방법이다. 존재의 허무함에서 잠깐이라도 벗어나 있기 위해서 배우고 또 배우는 수밖에 없다. 배움만이 잠깐의 행복감에 이은 권태를 차단할 수 있다. 배움의 신은 죽어서도 몸에 피가 다 마를 때까지 바람과 놀 수 있을 것 같다.

2. 주기적으로 수치스러운 잘못을 저지른 이들의 기록을 찾아보라. 너도 별거 아니라고 속삭이는 임무를 부여받은 로마 병사가 자수성가했다고 믿는 너에게 필요한 법이다. 검색엔진에 그 임무를 맡겨 몸서리치는 수치스러움을 미리 느껴라.

이런 노력에도 어리석음을 피하기는 만만치 않다. 물욕과 성욕은 흉

분한 코끼리이고 머리의 한쪽 구석을 차지한 이성은 코끼리 등 위의 기수에 불과하다. 원초적 본능은 저축도 되지 않는다. 채우려 해도 그 심연의 양에 도달할 수 없다. 시간이 잠시만 지나도 스멀스멀 욕구가 올라온다. 조심하라는 말밖에 못 하겠다.

3. 싸우지 말고 가능하면 피신하라. 피신이 상책이다. 히키코모리는 피신이 아니다. 자포자기의 칩거이다. 이상한 사람을 피하고 세상을 나다니면서 꿈을 좇아라.

4. 밥벌이부터 하되 꼭 모험하라. 늦어도 상관없으니 원대한 꿈을 꾸어라. 40이 아니라 좀 늦은 50에 불혹(不惑)해도 상관없다. 이상한 헛짓을 예방하는 유일한 길은 아마도 꿈을 향한 몰입밖에 없지 않을까? 다가오는 권태보다 더 빠른 속도로 나아가야 인간적인 실수에서 도망갈 수 있다. 낯선 곳으로 여행도 가고 어려운 책도 읽어라. 사서 고생이 행복의 지름길이다.

5. 곧 녹아 버릴 아이스크림 같은 행복을 쫓아다니지 마라. 행복은 그저 가끔 찾아오는 뜻밖의 손님 같은 것이다. 추운 겨울 멀리서 오래전 연락이 끊어진 은인이 찾아와 술 한잔한다. 너와 그가 아무리 즐겁게 이야기해도 밤이 깊어지면 헤어진다. 행복이란 그런 존재이다. 그런데 우리는 행복을 집주인처럼 모신다. 행복 앞에서 절절매고 안절부절이다. 행복은 왔다 가고 또 온다.

6. 정의를 사랑하는 정의감보다 사실에 더 관심을 두라. 진실을 추구하기 위한 의심과 약 올리는 말장난을 구분하라. 사실은 자수 너를 화나게 한다는 사실을 잊지 마라. 그래도 사실을 사랑하라. 그것이 근시안적 공동체주의를 실천하는 핵심이다.

7. 친구를 너무 많이 사귀지 마라. 인생은 인기 투표의 경연대회가 아니다. 지금 친구가 없다고 걱정하지 마라. 세상은 넓고 덕 있는 사람은 네

가 이내 만날 수 있을 만큼 많다. 집단 따돌림을 당하고 있다면 미련 없이 바로 도망 나와라.

8. 만약 누가 네가 기뻐하는 순간 일희일비를 충고한다면 그와는 선을 그어라. 그는 현명을 가장한 과잉자기애자이다. 친절해 보이는 그에게 많이 감추라. 밤의 도시가 아름다운 이유는 감추기 때문이다.

9. 통계적으로 사고하라. 이것이 손해에 오래 마음 아파하지 않는 길이다. 손해는 감당할 수 있는 수준에서 통제하고 비교의 되치기로 정신승리하라. 나쁘고 이상한 자에게 술을 사주었다면 진실을 싸게 알았다고 자위하라.

10. 조롱과 멸시를 걸러 주는 거름막으로 새옹지마를 상기하라. 늦가을 산길 옆으로 수북이 떨어진 노란 은행잎이 비에 물들어 반짝이고 있다. 다가올 추위를 위로하는 봄의 색깔이다. 지극한 행복만큼이나 지극한 슬픔도 드물다는 걸 늦가을의 노란색이 일깨워준다.

마지막으로 너와 나를 응원한다. 적당한 운과 자그마한 용기로 호구지책에 성공하기를 바란다. 몇몇 친구를 얻고 그들에게 돈을 좀 쓰라.

•• 참고문헌

I. 중용의 덕: 틀리지 않으려는 심사숙고

한병진(2019), 『광장의 법칙』, 곰출판.(민주주의 정치과정에서 인식의 왜곡이 일으키는 정치적 파장에 대한 논의)

한병진(2021), 『독재의 법칙: 민주주의를 위협하는 탐욕과 배신의 정치사』, 곰출판.(정치적 순진성의 위험에 대한 경고)

Frankfurt, Harry(2005), *On Bullshit*, Princeton, NJ: Princeton University Press.(정치인의 헛소리에 대한 철학자의 인식론적 고찰)

Kornhauser, William(1959), *The Politics of Mass Society*, Glencoe, IL: Free Press.(극단적 이념에 빠진 사회의 특징에 대한 고전적 논의)

Nahirny, Vladimir(1962), "Some Observations on Ideological Groups," *Journal of American Sociology* 67(4): 397-405.(극단적 이념 조직의 행동양식에 대한 사회학자의 고발)

Shermer, Michael(2012), *The Believing Brain: From Ghosts and Gods to Politics and Conspiracies(How We Construct Beliefs and Reinforce Them as Truths)*, New York: St. Martin's Griffin.(음모론에 빠지는 인간의 마음을 포괄적으로 다룬 교양서)

II. 위태로운 민주주의를 지키는 힘: 명심해야 할 깨끗한 생각들

대니얼 길버트, 서은국·최인철·김미정 옮김(2006), 『행복에 걸려 비틀거리다』, 김영사.(다양한 인식 편향을 구체적 예시로 설명한 교양서로 감정과 상상의 미래 예측력을 논의)

조지 오웰(2019), 『1984』, 문학동네.(사실에 대한 숙고가 사라진 전체주의 사회에 대한 암울한 경고)

한병진(2007), "미국 헌정 질서, 법치 민주주의 삼위일체: 애커만의 이중민주주의론을 중심으로," 『대한정치학회보』 제14권 3호: 19-36.(민주주의를 보호하는 반다수결제의 중요성)

Achen, Christopher H., and Larry M. Bartels(2017), *Democracy for Realists: Why Elections Do Not Produce Responsive Government*, Princeton, NJ: Princeton University Press.(참여민주주의와 더 많은 민주주의라는 해법의 문제점을 통계적으로 증명)

Ackerman, Bruce(1991), *We the People*, Cambridge University Press.(수평적 책임성과 권력 분산이 시민의 합리적 판단에 어떤 도움을 주는지 밝힌 책)

Arendt, Hannah(1973), *The Origins of Totalitarianism*, New York: Harcourt.(시민당파의 비자유주의적 정치참여와 전체주의의 유사성)

Arthur, Brian W(1994), *Increasing Returns and Path Dependence in the Economy*, Ann Arbor: University of Michigan Press.(조정의 경로의존적 제약성을 경제학적으로 분석)

Bates, Robert H., Avner Greif, and Smita Singh(2002), "Organizing Violence," *Journal of Conflict Resolution* 46(5): 599-628.(국가에 대한 견제는 오직 시민의 집합적 처벌 능력에 달려 있음을 논의)

Chwe, Michael Suk-Young(2001), *Rational Ritual: Culture, Coordination, and Common Knowledge*, Princeton: Princeton University Press.(조정게임과 공동지식이 정치와 문화에서 어떻게 작동하는지 밝힌 책)

Cox, Gary W(1997), *Making Votes Count: Strategic Coordination in the World's Electoral Systems*, New York: Cambridge University Press.(단순다수제에서 양당제의 불가피성을 조정게임으로 설명)

DeScioli, Peter, and Robert Kurzban(2009), "Mysteries of Morality," *Cognition* 112(2): 281-299.(도덕과 정의감의 정치적 기원과 정치적 편들기에 대한 논의)

Ellenberg, Jordan(2015), *How Not to Be Wrong: The Power of Mathematical Thinking*, New York: Penguin Books.(잘못된 조건부 확률, 기회비용의 무시, 직선적 사고 등 인식의 오류를 피하는 수학적 사고를 소개한 에세이)

Fearon, James(2011), "Self-Enforcing Democracy," *The Quarterly Journal of Economics* 126(4): 1661-1708.(선거가 왜 시민의 최대 무기가 되는지를 조정게임으로 설명한 논문)

Fischhoff, Baruch(1975), "Hindsight Is not Equal to Foresight: The Effect of Outcome Knowledge on Judgment under Uncertainty," *Journal of Experimental Psychology: Human Perception and Performance* 1(3): 288-299.(행정가를 괴롭히는 그럴 줄 알았다는 사고에 대한 고전적 연구 논문)

Fiske, Susan, and Shelley E Taylor(2013), *Social Cognition: From Brains to Culture*, New York: Sage.(추상적 사건은 도덕적 잣대로, 구체적 사건은 실행 가능 여부로 판단하는 경향을 소개한 책)

Gilbert, Daniel(1991), "How Mental Systems Believe," *American*

Psychologist 46(2): 111-119.(확증편향의 기저에 흐르는 인지적 게으름을 밝힌 논문)

Hardin, Russell(1989), "Why a Constitution?" in Bernard Grofman and David Wittman eds., *The Federalist Papers and the New Institutionalism*, New York: Agathon Press.(정치질서가 정치적 편의성에 따른 조정일 뿐임을 주장한 글)

Hardin, Russell(1991), "Hobbesian Political Order," *Political Theory* 19(2): 156-180.(조정의 편의성이 사회질서의 기원임을 강조하는 글)

Henrich, Joseph(2021), *WEIRDest People in the World: How the West Became Psychologically Peculiar and Particularly Prosperous*, New York: Farrar, Straus and Giroux.(내로남불을 야기하는 내편네편의 편가르기 문화의 기원을 알려주는 인류학자의 연구서)

Kahneman, Daniel(2011), *Thinking, Fast and Slow*, New York: Farrar. Straus and Giroux.(인식의 지름길에 대한 포괄적인 소개 및 4장과 5장에서 다루는 기억의 문제를 깊이 다룬 책)

Mlodinow, Leonard(2013), *Subliminal: How Your Unconscious Mind Rules Your Behavior*, New York: Vintage.(동기화된 추론에 관한 기존 연구를 일목요연하게 정리한 입문서)

Pape, Robert(2006), *Dying to Win: The Strategic Logic of Suicide Terrorism*, New York: Random House.(합리적 선택의 관점에서 자살 테러를 분석한 연구)

Pinker, Steven(2008), *Stuff of Thought: Language at a Window into Human Nature*, New York: Penguin Books.(공동지식을 피하기 위한 말장난을 소개한 책)

Pinker, Steven, Martin Nowak, James Lee(2008), "The Logic of Indirect

Speech," *PNAS* 105(3): 833-838.(공동지식과 공유지식의 차이를 논의)

Popovic, Srdja(2015), *Blueprint for Revolution: How to Use Rice Pudding, Lego Men, and Other Nonviolent Techniques to Galvanize Communities, Overthrow Dictators, or Simply Change the World*, New York: Spiegel & Grau.(정치투쟁에서 보여주기식 시위 기술의 경험을 서술한 세르비아 민주화 운동가의 책)

Sageman, Marc(2008), *Leaderless Jihad*, Pennsylvania: University of Pennsylvania Press.(SNS가 조장하는 인식편향을 극단적 이념 조직이 어떻게 악용하는지에 관한 보고)

Schattschneider, Elmer E.(1975), *The Semisovereign People: A Realist's View of Democracy in America*, Belmont, California: Wadsworth Publishing.(민주주의의 한계와 특징에 대한 정치적 현실주의의 고전)

Staw, Barry M.(1976), "Knee-Deep in the Big Muddy: A Study of Escalating Commitment to a Chosen Course of Action." *Organizational Behavior and Human Performance* 16(1): 27-44.(매몰 비용의 오류를 간단한 실험으로 증명한 고전적 연구)

Steven Strogatz(2019), *Infinite Powers: How Calculus Reveals the Secrets of the Universe*, Boston: Mariner Books.(소문 등 지수적 성장 등과 관련한 지수함수를 자세하게 소개하는 입문서)

Sunstein, Cass R.(2009), *Going to Extremes: How Like Minds Unite and Divide*, Oxford: Oxford University Press.(시민당파의 과격성을 이해하는 실마리인 집단극화를 자세하게 다룬 책)

Thomas, Kyle A., Peter DeScioli, Omar Sultan Haque, and Steven Pinker(2014), "The Psychology of Coordination and Common

Knowledge," *Journal of Personality and Social Psychology* 107(4): 657-676.(조정게임에서 공동지식이 필수적임을 실험으로 증명한 논문)

Weingast, Barry(1997), "The Foundations of Democracy and Rule of Law," *American Political Science Review* 91(2): 245-263.(양극화로 인한 갈등이 법치를 훼손하는 이유를 알려주는 논문)

III. 쉬운 역사의 진보는 없다

니콜로 마키아벨리, 강정인·김경희 옮김(2011), 『군주론』, 까치.(군주가 개혁을 멀리해야 하는 정치적 이유를 서술한 고전)

Akerlof, Gorge A.(1970), "The Market for Lemons: Quality Uncertainty and the Market Mechanism," *Quarterly Journal of Economics* 84(3): 488-500.(정보의 비대칭성으로 소멸의 연쇄가 발생하는 과정을 밝힌 논문)

Anderson, Chris, and David Sally(2013), *The Numbers Game: Why Everything You Know about Soccer Is Wrong*, New York: Penguin Books.(축구에서 공격이 아닌 수비의 중요성을 통계적으로 분석)

Berger, Jonah(2013), *Contagious: Why Things Catch on*, New York: Simon &Schuster.(관찰 가능성, 사회적 화폐 등 사회적 전염을 포괄적으로 소개)

Biggs, Michael(2003), "Positive Feedback in Collective Mobilization: The American Strike Wave of 1886," *Theory and Society* 32(2):

217- 254.(사회운동에서 작동하는 양적 되먹임을 확인한 논문)

Buchanan, Mark(2000), *Ubiquity: Why Catastrophes Happen*, New York: Three Rivers Press.(상전이 상태에서 사소한 충격이 만드는 대격변 등 다양한 복잡계 현상을 소개)

Dahl, Robert(2002), *How Democratic Is the American Constitution?* New Haven: Yale University Press.(미국 정치학계의 태두가 스포츠의 세트제처럼 운용되는 미국 선거인단제도의 비민주성을 비판)

Frank, Robert and Philip Cook(1996), *The Winner-Take-All Society: Why the Few at the Top Get So Much More Than the Rest of Us*, New York: Penguin Books.(세계화에 따른 승자독식의 불가피성을 논한 책)

Granovetter, Mark(1978), "Threshold Models of Collective Behavior," *American Journal of Sociology* 83(6): 1420-1443.(문턱값 모델로 집단행동을 파헤친 고전적 연구)

Hamilton, Alexander, James Madison, John Jay(2015), *The Federalist Papers: A Collection of Essays Written in Favour of the New Constitution,* Dublin, Ohio: Coventry House Publishing.(미국 헌법이 전제하고 있는 인간 본성을 알려주는 문헌)

Hirschman, Albert(1972), *Exit, Voice and Loyalty: Responses to Decline in Firms, Organizations, and States*, Cambridge: Harvard University Press.(시장 모델로 정치 행태를 분석한 고전)

Kremer, Michael(1993), "The O-Ring Theory of Economic Development," *The Quarterly Journal of Economics* 108(3): 551-575.(사회적 약자가 전반적 생산력의 정도를 좌우할 수 있음을 암시한 논문)

Kuran, Timur(1991), "Now out of Never: the Element of Surprise in the East European Revolution of 1989," *World Politics* 44(1): 7-48.(동유럽의 급진적 몰락을 문턱값 모델로 설명한 연구)

Kuran, Timur(1995), *Private Truths, Public Lies: The Social Consequences of Preference Falsification*, Cambridge: Harvard University Press.(위선이 만연한 사회에서 발생하는 집단적 오해를 다룬 책)

Merton, Robert(1948), "The Self-Fulfilling Prophecy," *The Antioch Review* 8(2): 193-210.(기대와 행위 사이의 양의 되먹임에 대한 고전적 논문)

Myers, David G.(2010), *Social Psychology*, New York: McGraw-Hill.(준거점에 따른 사회적 비교를 소개하고 있는 사회심리학 교과서)

Noelle-Neumann, Elisabeth(1984), *The Spiral of Silence: Our Social Skin*, Chicago: University of Chicago Press.(여론의 억압성을 파헤친 책)

Oliver, Pamela, Gerad Marwell, Ruy Teixeira(1993), "A Theory of the Critical Mass I. Interdependence, Group Heterogeneity and the Production of Collective Action," *The American Journal of Sociology* 91(3): 522-556.(위험한 집단행동에서 핵심 대중의 중요성을 파헤친 고전적 연구)

Olson, Mancur(1965), *The Logic of Collective Action*, New York: Cambridge University Press.(무임승차 등 집단행동의 실패를 다룬 고전적 연구)

Olson, Mancur(1982), *The Rise and Decline of Nations: Economic Growth, Stagnation, and Social Rigidities*, New Haven: Yale

University Press.(오랜 민주주의 국가에서 규제 입법이 늘어나는 이유를 집단행동의 딜레마로 설명한 고전)

Rosen, Sherwin(1981), "Economics of Superstars," *The American Economic Review* 71(5): 845-858.(교통통신의 발달로 인한 승자독식 경제를 설명한 고전적 논문)

Stephens-Davidowitz, Seth(2017), *Everybody Lies: Big Data, New Data, and What the Internet Can Tell Us About Who We Really Are*, New York: Dey Street Books.(정치적 올바름이 만드는 선호 위장과 설문 왜곡을 극복할 수 있는 빅데이터에 관한 연구)

Sunstein, Cass(2005), *Why Societies Need Dissent*, Cambridge: Harvard University Press.(이견을 가진 자를 사회가 불편하지만 참아야 하는 이유에 대한 법학자의 심리학적 논설)

Willer, Robb, Ko Kuwabara, and Michael Macy(2009), "The False Enforcement of Unpopular Norms," *American Journal of Sociology* 115(2): 451-490.(순응과 동조를 조장하는 사회적 압력에 대한 연구)

Ⅳ. 각자도생과 정치적 올바름의 모순에서 살아남기: 현실주의자의 인간관계

모시 호프먼, 에레즈 요엘리, 김태훈 옮김(2023), 『살아있는 것은 모두 게임을 한다』, 김영사.(처벌의 의무감을 부과하는 상위 규범이 사회 협동에서 하는 역할을 분석)

손자, 민병천 옮김(2001), 『도해 손자병법』, 연경문화사.(부전승의 정신을 설

파한 전쟁론의 고전으로 싸움을 피할 이유에 대한 지혜를 제공)

이솝, 천병희 옮김(2013), 『이솝우화』, 숲.(이 책에서 인용하는 이솝우화 버전)

임원빈(2005), 『이순신 병법을 논하다: 그는 군신이었다』, 신서원.(손자병법의 가르침을 실제 전쟁에 원용한 이순신의 전법에 대한 자세한 분석)

한비. 이운구 옮김(2012), 『한비자』, 한길사.(군신 관계에서 신하의 처세를 다룬 명문장)

Ariely, Dan(2008), *Predictably Irrational*, New York: Harper.(포토샵 등 허약한 정직함, 비교를 통한 인식, 소유효과가 선택에 미치는 영향 등 다양한 심리학 실험을 소개)

Ariely, Dan(2010), *The Upside of Irrationality*, New York: Harper.(적응의 저주에 대한 상세한 소개)

Asch, Solomon(1955), "Opinions and Social Pressure: Conformity Pressure," *Scientific American* 193(5): 31-35.(사회적 동조 현상을 실험을 통해 증명한 고전)

Axelord, Robert(1984), *The Evolution of Cooperation*, New York: Basic Books.(죄수의 딜레마에서 협력과 배신의 조건을 다룬 고전으로 갈등적 한국 정치와 인간관계에 참조)

Barker, Eric(2022), *Plays Well with Other: The Surprising Science behind Why Everything You Know about Relationships Is (Mostly) Wrong*, New York: HarperOne.(인간관계의 다양한 측면을 사회과학 연구성과로 분석한 책)

Burgis, Luke(2021), *Wanting: The Power of Mimetic Desire in Everyday Life*, New York: St. Martin's Press.(욕망의 사회적 전염을 다루고 있는 책)

Cialdini, Robert B.(2006), *Influence: The Psychology of Persuasion*,

New York: Harper Business.(설득에서 상호성의 함정을 소개)

Clark, Margaret S. and Judson Mills(1979), "Interpersonal Attraction in Exchange and Communal Relationships," *Journal of Personality and Social Psychology* 37:12-24.(교환 관계와 공동체 관계의 특징을 일목요연하게 비교한 논문)

Duke, Annie(2022), *Quit: The Power of Knowing When to Walk Away*, New York: Portfolio.(매몰 비용의 오류에서 벗어날 수 있는 다양한 사고방식에 대한 소개)

Elster, Jon(2000), *Ulysses Unbounded*, New York: Cambridge University Press.(의지와 감정의 마모를 막는 제도적 장치에 관한 연구)

Fearon, James(1995), "Rationalist Explanation for War," *International Organization* 49(3): 379-414.(손자의 지피지기와 부전승의 원리를 현대 사회과학으로 풀어낸 연구)

Gladwell, Malcom(2007), *Blink: The Power of Thinking without Thinking*, New York: Back Bay Books.(감정적 흥분, 음식 시음, 패턴 인식 등에 대한 상세한 소개)

Hume, David(1748), *Political Essays*, New York: Cambridge University Press.(정치와 권력의 원천이 조정임을 암시하는 정치학의 고전)

Kunda, Ziva(1999), *Social Cognition: Making Sense of People*, Cambridge: MIT Press.(가용성 어림법, 프레임 효과, 징박효과 등 인지적 편향에 대한 포괄적 논의)

Leeson, Peter T.(2011), *The Invisible Hook: The Hidden Economics of Pirates*, Princeton: Princeton University Press.(제한 권력을 달성한 해적의 경험을 통해 민주주의와 법치의 관계를 논의)

Leeson, Peter T.(2017), *WTF?!: An Economic Tour of the Weird*, California: Stanford University Press.(비합리적 제도와 관습의 이면에 숨어있는 합리성에 대한 경제학자의 창의적 분석)

Levitt, Steven and Stephen Dubner(2015), *Think Like a Freak*, New York: William Morrow.(비합리적 수단을 통해 상대의 의도와 의지를 선별하는 기술에 관한 연구 소개)

Maor, Eli(1994), *e: The Story of a Number*, Princeton, NJ: Princeton University Press.(사랑의 작대기에서 논의한 베르누이의 계산과 자연상수에 대한 자세한 논의)

Miller, Dale T., Benoit Monin, and Deborah A. Prentice(2000), "Pluralistic Ignorance and Inconsistency Between Private Attitudes and Public Behaviors" in Deborah Terry ed., *Attitudes, Behavior, and Social Context: The Role of Norms and Group Membership*, Mahwah, NJ: Lawrence Erlbaum Associates. pp. 95-113.(다원적 무지로 인한 집단 구성원 사이의 만연한 오해를 다룬 논문)

Powell, Robert(1991), "Absolute and Relative Gains in International Relations Theory," *American Political Science Review* 85(4): 1303-1320.(상대적 이득만을 추구하는 경우 발생하는 어리석음에 대한 논의)

Snidal, Ducan(1991), "Relative Gains and the Pattern of International Cooperation," *American Political Science Review* 85(3): 701-726.(상대적 이득의 민감성이 높아질수록 상호작용이 죄수의 딜레마를 닮아간다는 주장)

Sunstein, Cass(2014), *On Rumors: How Falsehoods Spread, Why We Believe Them, and What Can Be Done*, Princeton: Princeton

University Press.(소문이 소문을 만드는 과정을 사회적 압력으로 인한 다원적 무지로 설명)

Surowiecki, James(2005), *The Wisdom of Crowds*, Norell, Massachusetts: Anchor.(집단지성에서 독립성의 중요성을 강조한 책)

Wilson, James Q. and George L. Kelling(1982), "Broken Windows: The Police and Neighborhood Safety," *The Atlantic Monthly*(March). (깨진 창문 이론의 고전)

V. 돌아가는 날 말하리라 "재미있었다고": 행동과학으로 알아채는 인생론

데이비드 핸드, 전대호 옮김(2016), 『신은 주사위 놀이를 하지 않는다: 로또부터 진화까지, 우연한 일들의 법칙』, 더퀘스트.(본 장에서 다루는 다양한 확률 이야기의 기초를 제공하는 책)

세네카, 천병희 옮김(2005), 『인생이 왜 짧은가?』, 숲.(시간과 인생에 관한 고전)

Barabasi, Albert-Lazzlo(2018), *The Formula*, New York: Little, Brown and Company.(확률론과 네트워크 이론을 통해 성공 공식을 제안한 책)

Barker, Eric(2017), *Barking up the Wrong Tree: The Surprising Science behind Why Everything You Know about Success Is (mostly) Wrong*, New York: HarperOne.(비디오 게임이 몰입을 만드는 이유를 자세히 소개한 책)

Christian, Brian and Tom Griffiths(2016), *Live by Algorithms: The*

Computer Science of Human Decisions, New York: Henry Holt and Co.(시간의 제약과 불확실성에 굴복하지 않고 개인이 보다 합리적 선택을 할 수 있는 알고리즘을 제안)

Frank H. Robert(2016), *Success and Luck: Good Fortune and the Myth of Meritocracy*, Princeton: Princeton University Press.(인생의 성공과 실패에서 과소 평가된 우연의 역할을 경제학 모델로 다양하게 논의)

Gladwell, Malcom(2006), *Tipping Point: How Little Things Can Make a Big Difference*, New York: Little, Brown and Company.(사회적, 일상적 사건에서 관찰되는 비선형성을 소개)

Gladwell, Malcom(2011), *Outliers: The Story of Success*, New York: Back Bay Books.(우연이 만들어내는 경로의존의 인생을 다양한 인물을 통해 소개)

Gladwell, Malcom(2015), *David and Goliath: Underdogs, Misfits, and the Art of Battling Giants*, New York: Back Bay Books.(약자가 게임의 규칙을 뒤집어 대결에서 승리한 사례에 대한 소개)

Gladwell, Malcom(2019), *Talking to Strangers*, New York: Little, Brown and Company.(술을 통해 속성으로 사회적 유대를 만드는 아마존 벌목공을 연구한 인류학자의 연구 소개)

Grant, Adam and Barry Schwartz(2011), "Too Much of a Good Thing: The Challenge and Opportunity of the Inverted U," *Perspectives of Psychological Science* 69(1):61-76.(아리스토텔레스의 중용을 그래프와 심리학으로 설명)

Haidt, Jonathan(2006), *The Happiness Hypothesis: Finding Modern Truth in Ancient Wisdom*, New York: Basic Books.(동서양의 고

전에서 말하는 행복의 기술을 현대 심리학으로 풀어준 책)

Mauboussin, Michael(2012), *The Success Equation: Untangling Skill and Luck in Business, Sports, and Investing*, Cambridge: Harvard University Press.(스포츠에서 우연이 작동하는 원리를 수학적 통계적으로 다룬 책)

Orlin, Ben(2018), *Math with Bad Drawings: Illuminating the Ideas that Shape our Reality*, New York: Black Dog & Leventhal Publishers.(동전 던지기 등 간단한 확률 이론을 다양한 영역에 창의적으로 원용한 책)

Page, Scott(2018), *The Model Thinker: What You Need to Know to Make Data Work for You*, New York: Basic Books.(이 책이 논의하고 있는 경로의존과 균형, 전파와 전염에 대한 다양한 사회과학 모델을 소개하는 책)

Pierson, Paul(2000), "Increasing Returns, Path Dependence, and the Study of Politics," *American Political Science Review* 94(2): 251-267.(경로의존이 정치적 현상에 만연한 이유를 연구한 논문)

Puett, Michael and Christine Gross-Loh(2016), *The Path: What Chinese Philosophers Can Teach Us about the Good Life*, New York: Simon & Schuster.(중국 고전을 통해 인생의 불확실성에 대처하는 방식을 알려주는 책)

Schelling, Thomas(1960), *The Strategy of Conflict*, Cambridge: Harvard University Press.(내면의 의지를 공개적으로 표현하고 의지를 강화하는 자기 구속의 기술을 소개하는 게임이론의 대표적 고전)

Schwartz, Barry(2005), *The Paradox of Choice: Why More Is Less*, New York: Harper.(대안의 수가 과도할 경우 역설적으로 일어나는 선택의

비합리성에 관한 연구)

Sutherland, Rory(2019), *Alchemy: The Dark Art and Curious Science of Creating Magic in Brands, Business, and Life*, New York: Harper Collins.(다양한 발상의 전환을 알려주는 광고학자의 책)

Taleb, Nassim(2005), *Fooled by Randomness: The Hidden Role of Chance in Life and in the Markets*, New York: Random House.(경로의존의 제약 속에서 벌어지는 인생의 성공과 실패에 관한 책)

Taleb, Nassim(2007), *The Black Swan: The Impact of the Highly Improbable*, New York: Random House.(블랙스완처럼 극히 희박한 사건의 발생에 대한 포괄적 논의)

Thaler, Richard H.(2015), *Misbehaving: The Making of Behavioral Economics*, New York: W.W. Norton & Company.(노벨경제학상을 수상한 행동경제학자의 책으로 마음의 회계장부에 대한 포괄적인 연구성과 소개)

Wheelan, Charles(2014), *Naked Statistics: Stripping the Dread from the Data*, New York: W.W & Norton.(확률의 독립성 개념과 중심극한정리를 알기 쉽게 설명한 입문서)

•• 저자소개

한병진

여전히 정치가 사회의 근본 문제이자 해결책이라 믿는 정치학자이다. '독재 권력은 어디에서 오는가? 무자비한 독재자는 왜 침상에서 편안히 죽음을 맞이하는가? 민주화 이후 민주주의를 어떻게 지킬 것인가? 정치적인 것들의 특징은 무엇인가?' 오랫동안 품어온 질문에 대해서는 다수의 사회과학 모델과 이론을 통섭, 종합할 때 답할 수 있다는 판단에 따라 정치학, 경제학, 심리학 등 주요 사회과학 분야를 열심히 공부하고 있다. 현재 계명대학교 정치외교학과 교수로 재직 중이다. 서울대학교 외교학과 및 대학원을 졸업하고, 미국 버펄로 뉴욕주립대학교에서 러시아의 옐친과 푸틴의 시장개혁을 주제로 박사학위를 받았다. 빈곤의 정치경제, 사회주의 시장개혁, 독재정권의 내구성, 혁명 등 정치 변동의 양상 등에 관한 논문을 발표했다. 지은 책으로 『수령, 독재의 정석: 비교정치로 알아채는 수령제의 내구성』(2023), 『독재의 법칙: 민주주의를 위협하는 배신의 정치사』(2021),『광장의 법칙: 머리띠 두르고 백전백승을 거두는 정치의 기술』(2019), 『나는 네가 어제 한 행동을 알고 있다: 행동과학으로 눈치채는 인간의 속사정』(2018)이 있다.